RE 融媒体版

婴幼儿保育与教育指导丛书
丛书主编　刘　馨

早期教育指导机构组织与管理

ZAOQI JIAOYU ZHIDAO JIGOUZUZHI YU GUANLI

主　编　王　慧　杨彩霞
副主编　薛　娟　刘乐琼　丁　琪　杨　印
编　委　张　胜　刘婉婷　弓剑虹　杨雪松　刘　畅　刘　熳　史明珠　周　丹

随文扫码
获取资源

北京师范大学出版集团
BEIJING NORMAL UNIVERSITY PUBLISHING GROUP
北京师范大学出版社

图书在版编目（CIP）数据

早期教育指导机构组织与管理／王慧，杨彩霞主编．—北京：北京师范大学出版社，2021.8（2024.7 重印）
（婴幼儿保育与教育指导丛书／刘馨主编）
ISBN 978-7-303-27005-7

Ⅰ．①早…　Ⅱ．①王…　②杨…　Ⅲ．①早期教育－教育组织机构－管理　Ⅳ．① G61

中国版本图书馆 CIP 数据核字（2021）第 101955 号

图书意见反馈：gaozhifk@bnupg.com 010-58805079
营销中心电话：010-58802181 58805532
编辑部电话：010-58807468

出版发行：北京师范大学出版社 www.bnupg.com
北京市西城区新街口外大街 12-3 号
邮政编码：100088
印　　刷：唐山玺诚印务有限公司
经　　销：全国新华书店
开　　本：787 mm × 1092 mm　1/16
印　　张：9.5
字　　数：140 千字
版　　次：2021 年 8 月第 1 版
印　　次：2024 年 7 月第 3 次印刷
定　　价：39.00 元

策划编辑：王　超　　责任编辑：赵鑫钰
美术编辑：焦　丽　　装帧设计：焦　丽
责任校对：陈　荟　　责任印制：陈　涛

丛书序

学前教育事业是一项伟大、神圣而又十分广阔的事业。在所有学段中，学前教育是基础教育的启蒙阶段，更是人一生发展的奠基阶段；它不仅涉及学前教育机构的教育，也包括家庭教育和社会教育。

从学前教育的研究对象及内涵来看，目前基本达成共识的阐释是联合国教科文组织 1981 年在法国巴黎召开的国际学前教育协商会议中提出的，将学前教育界定为:“能够激起从初生至小学的儿童（小学入学年龄因国家不同，在 5～7 岁）的学习愿望，给他们学习体验且有利于他们整体发展的活动总和。”此次会议还进一步明确提出，学前教育的关注与研究对象是贯穿整个学龄前阶段的儿童，包括初生的婴孩。

随着脑科学、心理学、社会学和教育学等领域研究的不断深入与发展，越来越多的研究表明，儿童的早期体验、早期经验和早期发展不仅关系到儿童当前的成长和幸福，而且对其一生的发展产生重要而深远的影响。0～3 岁是人生的开端，是个体发展的重要时期和奠基阶段，把教育的视线向前延伸至儿童出生（甚至更早）的那一刻起，重视儿童的早期发展，已成为当今国际社会的共识，也是学前教育改革与发展的重要趋势。

自 20 世纪六七十年代开始，一些国家已率先从政府层面逐渐开始将 0～3 岁儿童的早期发展与教育逐步纳入政府主导或支持的公共服务体系之中，如美国、瑞典、法国、新西兰、英国、加拿大、日本、韩国等。政府加大支持力度，针对贫困人群开展儿童早期发展国家行动，为 0～3 岁儿童提供免费的早期保育与教育服务。进入 21 世纪以来，联合国教科文组织、联合国儿童基金会、经济合作与发展组织等国际组织先后对一些国家在儿童早期发展政策及实践效果方面进行了分析与评估，其研究结果表明，开展高质量的0～3岁儿童早期发展与教育项目具有巨大的社会效益和经济效益。

近些年来，我国政府也将0～3岁儿童早期教育工作纳入国家决策议程，进入实施阶段。从2001年国务院印发《中国儿童发展纲要（2001—2010年）》，明确提出要“发展0—3岁儿童早期教育”“建立并完善0—3岁儿童教育管理体制”，到2010年《国家中长期教育改革和发展规划纲要（2010—2020年）》中强调学前教育阶段的发展任务中要“重视0—3岁婴幼儿教育”，2011年《中国儿童发展纲要（2011—2020年）》中进一步强调要“促进0—3岁儿童早期综合发展”“以幼儿园和社区为依托，为0—3岁儿童及其家庭提供早期保育和教育指导”“加快培养0—3岁儿童早期教育专业化人才”，以及2013年教育部启动部分地区0～3岁婴幼儿早期教育试点，再到2019年《国务院办公厅关于促进3岁以下婴幼儿照护服务发展的指导意见》的出台及国家卫生健康委颁布《托育机构设置标准（试行）》和《托育机构管理规范（试行）》等重要文件，我们可以看出国家正在从政策和管理层面积极推进和落实0～3岁儿童早期教育指导工作和托育工作。

当前，我国一些地区已经开展了面向0～3岁儿童和家庭的儿童早期教育指导工作。随着国家和各地政府对0～3岁婴幼儿托育工作的积极推进和大力支持，面向低龄幼儿开办的托育机构也逐渐增多。

儿童的健康成长关系到人类的未来，关系到千家万户的幸福。科学、适宜的儿童早期教育的实施需要高素质、懂专业的保教人员和管理者，也需要爱儿童、懂儿童、会科学育儿的家长。为了满足我国0～3岁儿童早期教育指导和托育工作的需要，支持相关行业从业人员的培养与培训，也为了更好地服务于婴幼儿家长，北京师范大学出版社特邀京津两地从事0～3岁儿童早期教育研究和实践的多名专家组成了“婴幼儿保育与教育指导丛书”的研究与编写团队。其中既包括在高校从事0～3岁儿童早期发展与教育研究的教师和区级从事早期教育指导的教研员，也包括具有丰富实践经验的儿童保健与疾病防治的医务工作者，以及来自一线、多年从事0～3岁儿童早期教育指导和托育工作的教师与管理者等。我们致力于将科学、适宜的儿童早期教育理念与专业理论知识、实践指导有机结合，更好地提升儿童早期教育工作者和管理者的专业素养、专业知识与实际操作能力，提高家长科学育儿的能力。

本套丛书从0～3岁婴幼儿身心发育与发展的年龄特点出发，围绕0～3岁婴幼儿的生活照护、卫生保健、发展与促进以及早期教育机构的组织与管理展开，构建三大模块的内容体系，计划包括10余册。

第一个模块为“婴幼儿养育基础”。该模块包括《0～3岁婴幼儿生长发育与心理发展概论》《0～3岁婴幼儿营养与喂养》《0～3岁婴幼儿日常照护》等。

第二个模块为“婴幼儿教育指导”。该模块包括《0～3岁婴幼儿动作发展及教育》《0～3岁婴幼儿认知与语言发展及教育》《0～3岁婴幼儿情绪与社会性发展及培育》《0～3岁婴幼儿艺术启蒙教育》等。

第三个模块为“早期教育机构的组织与管理”。该模块包括《早期教育指导机构组织与管理》《托育服务机构组织与管理》等。

真诚地期望本套丛书能满足正在从事或即将从事0～3岁儿童早期教育指导和托育服务工作的保教人员和管理者的专业学习、教研与培训的需求；同时，也能为广大婴幼儿家长及关心儿童发展事业的社会工作者提供科学育儿和专业发展方面的支持与帮助。

刘　馨

于北京师范大学

21 世纪以来，0～3 岁早期教育服务社会的公益属性逐步明确，我国政府积极探索构建婴幼儿早期教育服务体系。早期教育指导机构蓬勃发展，形成了政府主导、市场经营、非政府组织类积极参与的良好形态。近年来，早期教育指导机构的发展更加多元，建立了医教结合的儿童早期综合发展服务中心，开展了基于社区的公益儿童早期发展服务，呈现出了托育机构与早期教育指导机构相融合等新趋势。2019 年 5 月，《国务院办公厅关于促进 3 岁以下婴幼儿照护服务发展的指导意见》发布，标志着国家在政策层面对 3 岁以下婴幼儿照护服务的关注。2022 年 10 月，中国共产党第二十次全国代表大会胜利召开，党的二十大报告提出“深入贯彻以人民为中心的发展思想，在幼有所育、学有所教、劳有所得、病有所医、老有所养、住有所居、弱有所扶上持续用力，人民生活全方位改善”，并明确提出“优化人口发展战略，建立生育支持政策体系，降低生育、养育、教育成本”。新形势下，婴幼儿照护事业逐渐成为支持国家人口发展、关系国计民生的千年大计，而早期教育指导机构作为支持家庭生育、养育和教育的重要力量，迎来了新的发展机遇。

本书主要介绍了早期教育指导机构在国内外的发展脉络和历史进程，分析了不同类型早期教育指导机构的组织架构与特点、制度建设与队伍建设，并结合实际，阐述了早期教育指导机构的环境创设与课程管理，根据社会经济发展的新形势，分析了早期教育指导机构的发展趋势。本书遵循理论联系实际、讲学练结合的原则，理论部分吸收了早期教育相关新近研究成果，涵盖了不同类型早期教育指导机构的特点，在正文中适时穿插案例和拓展阅读，帮助学习者搭建理论与应用的桥梁，内容力求对接国家新发布的政策文本和行业标准；实践部分的内容设计贴近实践操作，每一章内容对应早期教育指导机构的一个管理与实践模块，并配有详细的案例作为支撑，具有较强的引导性和借鉴性。

本书的编写人员由早期教育指导机构的管理者、骨干教师和理论研究者组成，以确保理论介绍严谨、符合实践需求。本书由王慧、杨彩霞担任主编，主要负责全书各部分书稿的构思、组织编写与统稿；由薛娟、刘乐琼、丁琪、杨印担任副主编，负责部分章节的编写与统稿。具体编写人员分工如下。第一章由王慧负责编写；第二章、第三章由王慧、丁琪合作编写；第四章由王慧、丁琪、张胜、刘婉婷、刘畅、刘熳、杨雪松合作编写；第五章由王慧、张胜、弓剑虹、周丹、史明珠合作编写；第六章由王慧、杨印合作编写。

本书在编写过程中得到了北京师范大学刘馨副教授的悉心指导和大力支持。另外，教育部教育管理信息中心张力玮老师、中国儿童中心郑党老师在统稿方面给出了宝贵建议。在此一并致谢。

本书引用了一些专家、学者的研究成果和资料，在此亦表示感谢。

我国早期教育事业仍处于起步阶段，书中介绍的理论与研究成果可能尚不成熟，若有不当之处，还请各位同行指正。

编　者

目录

第一章 早期教育与早期教育指导机构概述……003
一、早期教育的含义与发展……003
二、早期教育与早期教育指导的意义……010
三、当代早期教育服务的政策……014
四、早期教育指导机构的定位与实践探索……017

第二章 早期教育指导机构的组织架构……030
一、组织与组织架构……030
二、早期教育指导机构的类型及组织架构……033

第三章 早期教育指导机构的制度建设与队伍建设……045
一、早期教育指导机构的制度建设……045
二、早期教育指导机构的队伍建设……054

第四章 早期教育指导机构的环境创设……068
一、早期教育指导机构环境创设的内容……068
二、早期教育指导机构环境创设的原则……070
三、早期教育指导机构环境创设的实践案例……079

第五章 早期教育指导机构的课程管理…… 088
一、课程设置遵循的原则…… 088
二、面向婴幼儿的课程设计…… 090
三、面向照护者的指导…… 105

第六章 早期教育指导机构的发展趋势…… 118
一、医教结合的儿童早期综合发展服务…… 118
二、基于社区的公益性儿童早期综合发展中心 …… 126
三、一体化发展的早期教育指导机构…… 130

参考文献…… 135
附 录…… 137

导　言

提到“早期教育指导机构”，你会想到什么？

先来看一篇来自上海教育新闻网的报道。

2016年10月，上海市早期教育指导服务中心成立。在“十三五”期间，上海市早期教育指导服务中心的主要任务集中在以下五个方面。第一，研制并实施上海市0~3岁婴幼儿教养工作规范化管理的意见，构建上海市早期教育指导管理工作机制及服务网络，建设和管理“上海市0~3岁婴幼儿信息库”，推动上海市早期教育指导工作的规范化。第二，拟定市、区两级早期教育指导服务工作的规划与方案，探索建立本市早期教育指导服务机制，指导建立覆盖街镇的立体化早期教育指导服务网络，推进上海市早期教育指导服务体系建设。第三，充分利用信息通信技术，落实“互联网＋学前教育”，创新模式和方法，开展“0~3岁婴幼儿核心素养发展特征”“医教结合的早期教育指导模式与策略”“0~3岁婴幼儿发展评价”等项目的研究，进行“育儿周周看”指导信息推送和“育儿加油站”科学育儿指导宣传，研制《上海市早期教育课程指南》、早期教育指导教材、上海市早期教育科学育儿资源包等早期教育指导资源，推进上海市早期教育指导工作的科学性和课程的标准化发展。第四，开发早期教育指导网络研修课程，实施“早期教育指导见习教师规范化培训”，开展多种形式的、满足多样需求的早期教育指导队伍能力提升培训。第五，形成与国内外专业组织和机构的交流机制，定期组织“早期教育指导高峰论坛”，推动先进教育理念和实践模式的沟通传播。

上海市早期教育指导服务中心的成立，将早期教育指导机构的内涵与功能，从单纯地指导家长和儿童拓展到课程研发、教师培训、平台搭建等方面，对于早期教育指导工作者在新形势下重新思考早期教育指导机构的组织与管理，具有示范性及借鉴意义。

早期教育指导机构要指导谁？早期教育指导机构的组织与管理具备哪些不同于其他机构的特点？哪些是早期教育指导机构管理中的核心因素？制度、团队、课程还是环境？

早期教育指导机构的组织与管理是本书的核心内容。读者首先要厘清“早期教育指导机构”的概念，从国内外早期教育指导的政策、项目、行动纲领及发展脉络中，体会“早期教育”“早期教育指导”“早期教育指导机构”的含义，了解国内外早期教育指导的实践与探索历程。这对于早期教育指导工作者明确自身的历史使命与责任具有重要的意义。

早期教育指导机构的组织与管理在内容上涵盖制度建设、队伍建设、环境创设和课程设置等方面，同时具有区别于其他机构的组织架构与管理模式。通过对管理模式的深入分析，早期教育指导机构的管理者能够结合自身实践，对组织者及管理者的角色有更加深入的思考。

经过长时间的实践摸索，早期教育指导机构的服务内容已经不限于对辖区内的儿童及其家长进行早期教育，它呈现出与多部门合作，有效整合各方资源的态势。在新形势下，早期教育指导机构的功能更加多元，未来早期教育指导机构的发展模式必将迎来组织与管理的新挑战和新机遇。本书从早期教育指导机构的定位出发，全面探讨不同类型的早期教育指导机构的制度、团队、课程、环境等关键因素和实践模式。

第一章　早期教育与早期教育指导机构概述

通过学习本章，你将可以

1. 了解早期教育与早期教育指导的相关概念、重要性及意义。

2. 了解当代早期教育服务的相关政策及早期教育指导机构的发展历程。

3. 领会早期教育指导机构与社区、家庭的关系。

近年来，越来越多的国家开始意识到早期教育不仅关乎个体一生的发展，更有助于促进社会公平。追求卓越的早期教育质量，为儿童提供高质量的早期教育，已成为世界各国的共同使命。不同国家纷纷出台相关的政策、计划与纲要，为早期教育在当代的发展指明了方向。

一、早期教育的含义与发展

（一）早期教育的含义

关于早期教育的对象，各国情况不同。例如，全美幼儿教育协会（National Association for the Education of Young Children，NAEYC）定义的早期教育对象是0～8岁的婴幼儿，澳大利亚的早期教育对象也是0～8岁的婴幼儿，英国的“确保开端”项目则将0～4岁的婴幼儿作为早期教育的对象。

中国学者普遍将早期教育对象的年龄段定位为0～6岁或0～3岁。《中国学前教育百科全书：教育理论卷》对早期教育进行了如下定义："广义是指从出生到入小学以前的教育，也即学前教育；狭义则指 0～3 岁阶段对婴儿进行的早期智力开发教育。"[①] 2001 年，北京市率先颁布的学前教育地方性法规《北京市学前教育条例》明确提出"倡导和支持开展 3 周岁以下婴幼儿的早期教育"，将早期教育的对象定位为 0～3 岁的婴幼儿。2002 年，国家哲学社会科学"十五"规划重点课题"0～3 岁婴幼儿早期关心与发展的研究"中，早期教育的对象也被定位为 0～3 岁的婴幼儿。因此，本书中早期教育的对象主要是指 0～3 岁的婴幼儿群体。早期教育是面向 0～3 岁婴幼儿开展的，符合婴幼儿年龄特点及身心发展规律的教育活动。

（二）早期教育思想的出现与发展

国内外不同时期的思想家、教育家及心理学家都提出过一些早期教育思想，如"早期教育环境影响儿童""感官学习和游戏是儿童早期发展过程中的重要内容与形式""儿童公育"等。这些教育思想对早期教育指导机构的制度设立、队伍管理、环境创设和课程设置有重要的意义。了解早期教育思想的出现及发展，有利于早期教育指导机构的从业者更好地认识早期教育的重要性和地位，并从历史与现实的维度把握先进的、科学的早期教育思想，更好地利用理论知识向家长传递早期教育的重要性。

1. 早期教育思想的出现

关于早期教育对人一生发展的重要性，我国先秦时期诸子百家及此后教育家的论述中都有提及。老子认为，人一生下来所具有的天性是最好的，是完美的，最值得人们保护；人的本性是婴儿时期的纯真自然、无知无欲、质朴无华的素朴状态。孔子说"性相近也，习相远也"，强调了后天教育对个体发展的重要影响。墨子提出了"素丝说"，极力强调环境对人的影响。西汉初期的政治家贾谊认为"太子之善，在于早谕教与选左右"，主张当婴幼儿的赤子之心尚未受到外界熏染

① 卢乐山、林崇德、王德胜：《中国学前教育百科全书：教育理论卷》，8 页，沈阳，沈阳出版社，1995。

时，教育者对其实施教育，会起到非常大的、意想不到的作用。宋代理学家程颢、程颐在《二程语录》中指出，“胎教与保傅之教”（早期教育）比“庠序乡党之教”（学校和社会教育）更为重要。若早期“所见皆不善”，他的天理就必然受到遮蔽。就算他以后受到良好的学校或社会教育，也很难成为圣贤之人。颜之推在《颜氏家训·勉学篇》中指出：“幼而学者，如日出之光；老而学者，如秉烛夜行。”（幼年学习的人，像太阳刚升起时的光芒；老年学习的人，像夜里拿着蜡烛走路。）“人生幼小，精神专利，成长已后，思虑散逸，固须早教，勿失机也。”（人在年幼的时候，精神容易集中，长大成人以后，思虑容易分散。于是，应该及早施教，不要失掉机会。）

以儿童为中心，尊重儿童的天性，用游戏的方式促进儿童的发展，这是早期教育指导机构的重要职责。在古希腊、古罗马时期，儿童的权利不被重视，人们把儿童当作私有财产，任意处置。但不可否认的是，一些思想家与教育家对儿童的成长及教育给予了关注，并提出了“以儿童为中心”“重视游戏的价值”等思想。古希腊哲学家柏拉图在《理想国》中指出，教育应尽早开始。儿童在幼年时期接触到的事物会对他产生永久的影响。他还提出，儿童三岁以前的教育应该由最优秀的人来承担。他认识到了游戏在儿童生活中的意义，他认为，对于儿童来说，要用游戏的方式来学习，而不是强制学习。亚里士多德针对当时杀婴的现象，要求制定法规，禁止抛弃婴儿，但畸形儿或残疾者除外。亚里士多德在教育史上首次做了将儿童的年龄进行分期的尝试。他将 0~7 岁作为人自然生长发育的第一阶段。在这一阶段，5 岁之前的儿童应该通过娱乐来学习。这一论述对早期教育指导机构有着重要意义。在实践过程中，从业者必须了解和熟悉儿童各年龄段的特点，并设计适合儿童各年龄段特点的游戏化的亲子活动来促进儿童发展。

尽管受时代所限，中世纪之前，儿童没有得到充分的尊重与教育，但当时的思想家、教育家在关于早期教育的论述中，表达了他们对儿童早期教育的重视。他们认识到了早期教育与儿童一生的德行、智慧养成等方面的关系，认识到了游戏、想象力与好奇心对儿童的重要性，并充分表达了对儿童天性及纯真本质的尊重。比如，奥古斯丁看到了想象力和好奇心的重要性，“‘一加一等于二，二加二等于四’……这真是令人讨厌的事。可是木马和玩具战士，特洛伊和克鲁沙鬼魂的燃烧，这一切真像是一场美梦”。①这些思想为近现代早期教育思想的发展提供了充足的营养。

2. 早期教育思想的发展

19世纪，西方自然科学获得了重大发展。欧洲兴起了教育心理学化运动，主张儿童的教学（包括教学内容、教学方法、教学程序）必须心理学化。在此背景下，教育家与心理学家们从儿童本性及心理发展的特点出发，对早期教育的阶段、内容、形式、方法进行了更加深入的阐述。

（1）父母在儿童早期教育中的责任

早期教育指导机构的从业者担负着指导和支持家庭育儿的作用，需要帮助父母深刻认识到其在早期教育中到底要承担怎样的角色。自然主义教育理论学家和要素主义教育理论学家都强调了父母在儿童早期教育中的责任。捷克教育家夸美纽斯提出了“教育适应自然”的理论，并在他的著作《母育学校》中，提出了“母育学校”的思想。夸美纽斯以家庭为背景，系统论述了早期教育的规律。他认为，每个家庭都是一所母育学校，母亲是最主要的教师，为孩子的体力、道德与智慧发展奠定基础。无论是谁，在幼年时播下什么样的种子，等到他老年的时候就会收获什么样的果实。幼儿教育应该尽早开始，父母应该在早期就为孩子奠定虔敬、德行及智慧基础。

瑞士教育学家裴斯泰洛齐认为，儿童应该从出生时就开始接受教育；家庭是教育的起点，母亲是第一位的力量。他在自然主义教育理论的基础上，提出了要素主义教育理论。他认为，“要素”存在于一切知识中。教育应从最简单的、能够为儿童所理解并接受的要素开始，逐步过渡到更加复杂的要素。他指出，德育的要素是儿童对母亲的爱，因此，道德的要素教育就应该从培养亲子之爱出发，逐步发展为爱兄弟、爱邻人、爱全人类。

---

①［英］伊丽莎白·劳伦斯:《现代教育的起源和发展》，纪晓林译，30页，北京，北京语言学院出版社，1992。

（2）感官学习和游戏是儿童早期发展过程中的重要内容与形式

利用感官进行学习是儿童的天性，感官教育也是早期教育指导机构课程设置中很重要的内容。关于感官教育的重要性，法国教育家卢梭在其论述中有所提及。在他的著作《爱弥儿》中，卢梭提到对儿童进行教育必须遵循自然。卢梭根据儿童的天性发展，把教育分为四个阶段。其中，0～2 岁是婴儿期，这个阶段的教育必须给孩子真正的自由，以体育锻炼与身体养护为主，目的是让儿童自然成长；2～12 岁为儿童期，这个阶段要注重感官教育，即通过活动积累对周围事物的感觉经验，而不是通过读书进行学习。

福禄培尔是研究儿童游戏心理的先驱。他认为，玩具是引导儿童把活动本能引向外部世界，并从中“吸收”各种心智的手段；游戏是儿童与外部世界相互作用的基础形式。他提醒人们关注早期教育内容的设置，关注儿童最容易吸收、理解与接受的要素。他的理论使人们认识到游戏在早期教育中的重要性。

（3）“做中学”与“儿童中心论”

美国教育学家杜威提出了实用主义教育思想。他认为“教育即生活”“学校即社会”“教育即经验的改组与改造”，主张“做中学”，提倡“儿童中心论”。他认为，传统教育把重心放在了教师和教科书上，而没有放在儿童的本能和活动上。他倡导教育的一切措施应该围绕儿童而组织起来。他的理论对儿童教育有很大的影响。在杜威的思想的影响下，早期教育实践者在教育回归儿童的生活、尊重儿童的个性与发展规律、培养儿童的动手能力等方面进行了更多的探索。

我国教育家陶行知提倡“做中学”，提出儿童教育要培养儿童的生活能力，“我们的实际生活，就是我们全部的课程；我们的课程，就是我们的实际生活”。儿童的进餐、如厕、穿衣、游戏、自由活动、户外锻炼等都是儿童学习的过程。陈鹤琴批判地接收了杜威的思想，结合中国国情，创立了“活教育”理论。他提出“活教育”的目的在于：“做人，做中国人，做现代中国人。”“活教育”要打破以学科组织的传统课程模式，将教育置于儿童的生活环境，尤其是大自然和社会环境中。他还深入探讨了儿童游戏的意义、特征、种类，游戏与年龄的关系，游戏材料等一系列问题，将游戏作为儿童的重要生活内容与学习方式。他的思想对早期教育的课程设置、内容选择、材料与方法运用有重要的借鉴意义。

（4）早期教育环境影响儿童，儿童是环境的构建者

美国心理学家、行为主义理论家斯金纳认为，儿童的发展不是由内在力量决定的，而是由外在力量（尤其是环境）决定的，行为是由环境塑造的。教育者按照“刺激—反应—强化”的程序进行教育训练，可以塑造儿童的行为。当斯金纳的第一个孩子出生时，他决定做一个新的经过改进的摇篮，这就是斯金纳的育婴箱，即“斯金纳箱”。在《育婴箱》（“Baby in Box”）这篇论文中，他进行了如下描述。光线可以直接透过宽大的玻璃窗照射到箱内，箱内干燥；自动调温，无菌、无毒、隔音；里面活动范围大，除尿布外无多余衣物，幼儿可以在里面睡觉、游戏；箱壁安全，挂有玩具等刺激物；可不必担心着凉和湿疹一类的疾病。这种设计的思想是尽可能避免外界一切不良刺激，创造适宜儿童发展的行为环境，养育身心健康的儿童。斯金纳的理念和实践有一定的启发意义，但是忽略了除环境以外的其他影响儿童发展的因素，过于绝对化。早期教育指导机构的从业者可以吸取其中有利于儿童发展的因素，如通过观察儿童的行为、利用外在环境影响儿童的行为等方式，促进儿童的发展。

建构主义是认知主义的进一步发展，认为世界并非完全客观存在，每个儿童对于世界的理解与认识都是多元的、有差异的；知识是每个儿童根据自己原有的经验，通过活动不断生成的。建构主义理论认为，儿童不是消极的、被动的学习者，而是有主观能动性的学习者。凯米曾指出，儿童需要有自主性，这样他们才能探索、发现以及创生出自己的理解。“儿童主动建构知识”的理论给早期教育中课程的设置及活动的开展带来了重要影响。在早期教育实践中，我们发现，环境影响儿童，儿童也在建构环境。我们往往关注到了环境对儿童的影响，却忽视了儿童对环境的建构。儿童如何参与环境的创设，儿童如何参与教育过程，并影响教师对活动过程的实施与引导，这些都是早期教育指导机构从业者尤其需要关注的方面。

（5）“儿童公育”思想

“儿童公育”思想的提出是中国近现代教育思想史上特有的贡献，直接影响了

幼稚园、托儿所及早期教育指导机构的出现。

康有为在《礼运注》中提出“人人教养于公产而不恃私产”，在《大同书》中更充分地阐发了儿童公育思想。他认为，儿童公育可以在人本院、育婴院、慈幼院中进行，其方法可以分为胎教之法、育儿之法和育幼之法。胎教之法是他对中国传统胎教方法的系统总结；育儿之法以“开儿知识为主”，旨在“养儿体，乐儿魂”。康有为首次系统地提出了儿童公育思想，设想了从胎教到幼教的完整的儿童教育体系，为此后早期教育思想的发展及早期教育机构的出现提供了借鉴。

蔡元培在《贫儿院与贫儿教育的关系——在北京青年会演说词》中较为系统地论述了自己的儿童公育主张。“我的理想：一个地方必须于蒙养院与中小学校以外，有几个胎教院、几个乳儿院，都由专门的卫生家管理……不论那个人家，要是妇人有了孕，便是进胎教院。生了子女，便迁到乳儿院。一年以后，小儿断乳，就送到蒙养院受教育，不用他的母亲照管。他的母亲就可以回家，操他的家政，或营他的职业了。”①蔡元培试图通过贫儿院的试验，逐步以公共教育代替家庭教育，最终实现其儿童公育理想。这在当时的社会历史条件下难以实现，但是他推进的儿童个性化教育的思想、美育的思想对早期教育中重视儿童的个性发展、教育机构环境的布置等方面有积极的作用。五四运动以后，主张儿童公育的思想家有陈碧云、孟如等。他们强调育儿社会化，即产妇在公立医院产儿，婴儿出生后进入公立婴儿园、幼稚园受教育，孩子与父母不脱离亲子关系。②他们的儿童公育思想在当时的时代背景下比较理想化，虽不能完全实现，但是为幼教机构及早期教育指导机构的出现奠定了基础。

（6）早期教育要遵循儿童的身心发展规律

儿童心理学家、认知发展理论的创始人皮亚杰认为，儿童的心理或思维发展可以分为感知运动阶段、前运算阶段、具体运算阶段以及形式运算阶段。每一阶

---

① 高平叔：《蔡元培教育论著选》，192～193 页，北京，人民教育出版社，2017。

② 李小鹰、李定开：《中国近代儿童公育与非儿童公育思潮对婴幼儿教育社会化的推进》，载《西南师范大学学报（人文社会科学版）》，2001（2）。

段的发展都以前一阶段的发展为基础。基于这一理论，他强调教育者要遵循儿童身心发展规律，给予儿童适时的教育。他的理论能够使早期教育工作者更好地了解儿童发展的阶段性特点，给予早期教育工作者诸多启发。

纵观中西方早期教育理论的发展，我们可以看到，早期教育理论至今还未作为一门独立的学科被认识与研究，更多的是包含在学前教育领域之内，作为学龄前儿童教育的一部分。但是，教育家、心理学家、儿童教育研究与实践者们对早期教育的探索与实践从未停止。随着早期教育实践的纵深发展，早期教育理论的专业化、学科化建设已经被提上日程。借鉴中西方先进的早期教育理论，总结与反思现有经验，推动我国早期教育理论与实践的发展，是早期教育工作者们努力追求的目标。

二、早期教育与早期教育指导的意义

现代教育学、心理学、脑科学的发展为早期教育提供了重要的理论基础。其中，发展心理学的“关键期”理论、脑科学的“经验塑造大脑结构”观点使早期教育的重要性更有说服力。早期教育关乎儿童个体发展，科学而有效的早期教育指导已经影响到了儿童的家庭、社区，乃至全社会。

（一）早期教育对儿童的意义

儿童发展是指包括身体、动作、认知、语言、情绪与社会性在内的综合发展。0~3 岁是儿童身体、心理、大脑发育最快与最旺盛的时期。儿童的语言、动作、秩序感等诸多方面的发展关键期也出现在这一时期。对儿童进行适宜的早期教育有利于促进其全面发展。

1. 0~3 岁是儿童身体与心理发展的旺盛时期

儿童早期身体发育速度很快。刚出生的婴儿身高约为 50 厘米，体重约为 3.5 千克；1 岁时的体重约为出生时的 3 倍；3 岁时的身高约为成人的一半。在身体快速发育的同时，随着年龄和经验的增长，婴幼儿的神经、情感社会性等方面也发生着积极、有序、系统、持续的变化，他们逐步把自我与外界、他人区分开来，并具备日益复杂的情绪，个体稳定的气质特征和性格倾向初步显露，通过依恋成人、与他人交往具备初步的社会适应能力。婴幼儿具有的心理能力超出我们的预想，个体的移情能力、交往方式、情绪调控等高级心理能力都是从3岁以前发展起来的。

2. 0～3岁是儿童学习的敏感期

儿童早期学习速度很快。3～4月龄，可以伸手拿东西；7～8月龄，学会爬行；大约12月龄，能够走路等。0～3岁这一阶段包括儿童学习与发展的很多敏感期。敏感期是指个体对某些技能或行为模式的发展有最大的敏感性或处于准备状态的时期。比如，0～2.5岁是口和手的敏感期，这一时期的儿童喜欢把东西放进嘴里，用牙齿咬、啃和用舌头舔等；0～3岁是动作的敏感期；7～12月龄是爬、站与走的敏感期；0～3岁是感觉的敏感期，从出生后，婴儿就开始通过视觉、听觉、嗅觉、味觉和触觉认识事物；0～3岁也是语言的敏感期，如1岁内的儿童对说话的声音敏感，1岁左右的儿童喜欢观察成人的嘴型，模仿成人说话；1.5～3岁是儿童学习新的词语与句子的敏感期，这一时期的儿童喜欢听故事、听儿歌和说话；2.5岁以后，儿童开始对交朋友等群体活动感兴趣，这一时期是掌握社会规范的敏感期，也是儿童学习社会交往、提高社会适应能力的敏感期；此外，这一时期还是儿童从直觉行动思维向具体形象思维发展的敏感期。

3. 0～3岁是儿童大脑发育的敏感期

0～3岁是大脑发育最快的时期。婴幼儿大脑中产生的突触数量大约是实际需要的2倍。2岁时，儿童大脑中的突触数量与成人的相差无几。3岁时，儿童大脑中的突触数量是成人的2倍，这种差异量会维持到儿童10岁左右。在大脑发育的敏感期，数以十亿计的神经元通过传导电信号来相互交流，这些联结形成了网络。回路与联结以惊人的速度增加，并在反复使用中得到强化。我们的经历和环境决定了哪些回路与联结使用得更加频繁。使用较多的联结会发育得更强壮，更具永久性；而使用较少的联结则会通过常规的“修剪”过程逐渐消失；使用得当的回路，即神经信号，在大脑各区域间的穿梭创造了光速通路。在人类的大脑中，基本回路首先成型，并为之后各种复杂回路的形成奠定基础。神经元通过这种途径，在早期发育的关键时期构建大脑的回路与联结，以促进动作技能、逻辑、语言和记忆等的形成和发展。反复使用这些回路会提高它们的效率，加快它们与大脑中其他区域的联结速度。到青少年时期，大约一半的突触会被丢弃或者被修剪。大脑会有选择性地淘汰无用的突触。充满安全感与爱的早期经历能够在儿童的大脑中留下印痕，而被忽视、被虐待等负面经历同样会给儿童的大脑带来不可修复的影响。简言之，儿童的早期经历构建了儿童的大脑结构。

（二）早期教育指导对儿童、社会及国家的意义

从早期教育的相关理论和实践中可以看出，“早期教育”是指直接面向婴幼儿的教育，而“早期教育指导”则既包含面向婴幼儿的教育，又包含对婴幼儿家长、看护人员的指导和服务。早期教育指导通过对儿童及家庭开展科学、综合的早期教育指导和服务，促进儿童全面发展，有效奠定家庭教育的基础，提升社会整体教养水平，为儿童发展创造良好的家庭环境及支持性的社会环境。

1. 有助于促进儿童全面发展

早期教育指导是由专业的早期教育指导教师，根据儿童的年龄、个性特点及家庭的教养现状，开展适合儿童的认知、语言、情绪、社会性、大动作、感知觉方面的早期启蒙活动，指导家庭为儿童提供丰富多样的饮食，支持与指导看护人员开展促进儿童发展的回应性游戏，指导社区及家庭提供优质的儿童照顾服务，创设有利于儿童探索和学习的家庭及社区环境。

维果茨基的研究表明，教育对儿童的发展起主导作用和促进作用，但需要确定儿童的两种发展水平。一种是儿童已经达到的发展水平；另一种是儿童可能达到的发展水平，表现为“儿童还不能独立地完成任务，但在成人的帮助下，在集体活动中，通过模仿，能够完成这些任务”。这两种水平之间的距离，就是“最近发展区”。[①]专业的早期教育指导能促进儿童在最近发展区内实现最大化发展，并

---

① 张春兴：《教育心理学》，116页，杭州，浙江教育出版社，1998。

通过对儿童的行为进行观察与评价，提供更切合儿童个体差异与发展特点的服务，促进儿童身体、心理及大脑结构的良性发展，为儿童一生的发展打下坚实的基础。

2. 奠定家庭教育的基础，提升社会整体教养水平

2018年9月，习近平总书记在全国教育大会上指出："家庭是人生的第一所学校，家长是孩子的第一任老师，要给孩子讲好'人生第一课'，帮助扣好人生第一粒扣子。"真正的教育，从来就不单单是学校的事情，而是家庭、学校和社会共同的责任。特别是家庭教育，发于童蒙、启于稚幼，从孩子无意识时便对其产生潜移默化、深入骨髓的影响，是孩子性格养成、品性端立的根基，更需要教育者认真对待、高度重视。

早期教育指导机构依托社区、服务家庭，并通过亲子活动、家长工作坊、家长沙龙等形式，向家长示范科学的教养方式，让家长习得可操作的科学教养理念；通过对婴幼儿的现场观察及与婴幼儿的互动，寻找家庭教养行为与教养效果之间的联系及其依据，及时解答家长的教养困惑，切实提升家长的育儿能力，使家庭与社区人员重新审视早期教育的重要性，促使社区及社会整体育儿氛围的形成，从而提升社会整体教养水平。

3. 打破贫困的代际传递，减少社会问题的产生，减小解决社会问题的代价

2016年发布的《促进儿童早期发展：从科学理论到推广普及》中指出，在生命最初的几年里，婴幼儿的大脑每秒能够建立多至1000个神经元联结。神经元联结情况除受基因影响外，还受到后天生活经历的影响，如能否获得良好的营养、保护和来自交谈、游戏及回应性照料的刺激。由于极端贫困和生长迟缓，低收入和中等收入国家中约有43%的5岁以下儿童面临不能实现其全部发展潜力的风险。[①]美国经济学家郝克曼指出，世界各国政府都应当调整教育的投入结构，加大对教育效益最高的早期教育的投入。投资早期教育具有很高的回报率，不仅可以提高儿童今后的学业成绩，而且能减少社会问题的产生，减小解决社会问题的代

---

① 罗仁福、王天仪、张林秀等：《从脱贫到贫困预防——基于贫困代际传递和儿童早期发展视角》，载《科技促进发展》，2017（6）。

价。动态人力资源积累生命周期模型的研究表明，早期教育的教育效益最高，其投资回报率是大学毕业后职业教育的 8 倍。[①]

三、当代早期教育服务的政策

众多实证研究都表明，儿童的早期发展状况会影响一个国家未来劳动者的素质、人民的生活质量，以及社会的公平与稳定。[②]进入 21 世纪后，许多发达国家和发展中国家都相继调整了国家政策，向儿童早期发展事业倾斜。

（一）国外早期教育服务的政策

儿童早期教育和保育是经济合作与发展组织（Organization for Economic Co-operation and Development，OECD）成员国的政策重点。OECD 教育委员会于 1998 年至 2012 年对早期保教政策开展了专题研究，并先后发布了 3 份《强壮开端》报告。多国一致强调“家长参与”是衡量托幼机构质量的基本指标之一。家长参与儿童早期教育日益被视为促进儿童健康发展和学习的重要政策杠杆。[③]

英国政府在 1998 年开始实施了“确保开端”项目，秉承“服务孩子和家长”“民主参与，平等合作”“扶危济困”的理念，以促进儿童社会性和情感发展、促进儿童的身体健康发展、促进儿童的学习能力发展、加强家庭和社区建设为目标，为 4 岁以下的儿童，尤其是弱势儿童提供学前教育、儿童保育、家庭支持和医疗卫生四项服务。2003 年，英国财政部颁布了适用于所有儿童的《每个儿童都重要》绿皮书，指出要重构儿童服务和家庭服务的方式，促进跨部门合作的儿童服务体

---

① 何慧华:《0～3 岁婴幼儿保育与教育》，11 页，上海，上海交通大学出版社，2013。

② Jack P. Shonkoff，Deborah Phillips，*From Neurons to Neighborhoods*：*The Science of Early Childhood Development*. Washington，DC，National Academy Press，2000，p.132.

③ 王伟、李辉辉、李静:《 OECD 国家促进家长参与早期教育的策略及其启示》，载《学前教育研究》，2015（3）。

系的建立和完善。[①]

2009 年 7 月，澳大利亚政府理事会出台了《投资幼儿时期——国家儿童早期发展战略》，资助各级政府建立更加有效、更加协调的学前儿童发展体系，满足澳大利亚儿童和家庭的多样化需求，促进儿童的健康学习、早期学习，改进福利。同时，联邦政府在教育、就业与劳动关系部门都设立了“早期教育与保育办公室”，推动战略的实施。[②]该战略明确划分了政府的责任，并提出建立包含 0~8 岁儿童的全面发展体系，为所有儿童早期教育和保育提供了良好和公平的开端。

加拿大安大略省于 2014 年 8 月正式颁布了新一阶段本省学前教育综合法案——《幼儿保育与早期发展法》。该法案的目标就是构建一个面向安大略省 0~6 岁婴幼儿、覆盖全面、注重质量、灵活多样的学前教育服务体系。该法案明确提出为婴幼儿家长提供科学、灵活的学前教育服务和项目，帮助婴幼儿家长分担育儿负担，平衡家庭与工作的关系。[③]

（二）我国早期教育服务的政策

中华人民共和国成立以来，尤其是改革开放以来，我国的幼儿教育事业不断发展。国家关于幼儿教育事业发展的宏观指导逐渐系统化，幼儿教育的性质、定位逐渐明确，幼儿教育成为基础教育事业的一个重要组成部分。21 世纪以来，0~3 岁早期教育服务社会的公益属性逐步明确，国家积极探索构建婴幼儿早期教育服务体系。

2003 年，国务院办公厅转发了教育部等部门（单位）提出的《关于幼儿教育改革与发展的指导意见》，其中明确提出：“大中城市普及学前三年教育；全面提高 0—6 岁儿童家长及看护人员的科学育儿能力。”2010 年是我国 0~3 岁早期教育事业发展的重要转折点。《中国儿童发展纲要（2001—2010 年）》明确提出，争取

---

① 罗贝如：《英国早期基础阶段办园标准研究——2014 年〈早期基础阶段法定框架〉解读》，硕士学位论文，湖南师范大学，2015。

② 唐科莉：《澳大利亚学前教育改革最新动向及启示》，载《文教资料》，2014（3）。

③ 金淑洁：《2000 年以来加拿大安大略省学前教育政策研究》，硕士学位论文，西南大学，2016。

到 2010 年，“婴幼儿家长的科学喂养知识普及率达到 85% 以上”。2010 年 7 月，《国家中长期教育改革和发展规划纲要（2010—2020 年）》发布，提出“重视 0 至 3 岁婴幼儿教育”。同年 11 月，《国务院关于当前发展学前教育的若干意见》中再次强调：“必须坚持政府主导，社会参与，公办民办并举，落实各级政府责任，充分调动各方面积极性……提供‘广覆盖、保基本’的学前教育公共服务。”2011 年发布的《中国儿童发展纲要（2011—2020 年）》在“儿童与教育”的主要目标中指出“促进 0—3 岁儿童早期综合发展”，在策略措施中指出“积极开展 0—3 岁儿童科学育儿指导。积极发展公益性普惠性的儿童综合发展指导机构，以幼儿园和社区为依托，为 0—3 岁儿童及其家庭提供早期保育和教育指导”。

各地方政府对本地区的早期教育指导工作还有更具体、更详尽的要求。例如，2002 年至 2007 年，北京市先后编制了《北京市学前儿童（0～6 岁）家庭教育大纲》和《北京市 0—3 岁儿童教养大纲（试用）》，将 0～3 岁儿童的早期教育和保育由卫生部门主管转变为由教育部门主管，理顺了 0～3 岁的儿童早期教育和 3～6 岁的学前教育的行政管理隶属关系。2004 年，上海市教育委员会、上海市卫生局、上海市民政局、上海市机构编制委员会、上海市人口和计划生育委员会与上海市妇女联合会联合签发的《关于推进 0—3 岁散居儿童早期教养工作的意见》中提到，到 2007 年，95% 以上上海市自出生到 3 岁的儿童的家长和看护人员每年接受 4 次以上有质量的科学育儿指导，社区早期教育指导机构内有儿童的家长和看护人员接受指导的记录。

2017 年 6 月，国务院副总理刘延东强调，要着眼全面两孩政策实施后的新需求，扎实推进托育服务和普惠性学前教育发展，扩大托儿所、幼儿园等公共资源供给。2017 年 10 月，党的十九大报告提出必须取得“新进展”的 7 项民生要求，“幼有所育”排在首位。2018 年 3 月，李克强总理在十三届全国人大一次会议开幕会的政府工作报告中再次提出：“要多渠道增加学前教育资源供给，运用互联网等信息化手段，加强对儿童托育全过程监管，一定要让家长放心安心。”

2019 年 5 月，《国务院办公厅关于促进 3 岁以下婴幼儿照护服务发展的指导意见》发布，体现了国家政策对 3 岁以下婴幼儿照护服务的关注。为规范日益增长的托育机构，10 月 8 日，国家卫生健康委员会发布了《托育机构设置标准（试行）》和《托育机构管理规范（试行）》。这标志着在全面放开两孩政策的新形势下，民众对我国早期教育服务的公益性需求日益增加，托育服务、早期教育服务以新的形式出现并彼此融合。

2022年10月，中国共产党二十次全国代表大会胜利召开。党的二十大报告明确提出“优化人口发展战略，建立生育支持政策体系，降低生育、养育、教育成本。”

新形势下，0 ~ 3 岁婴幼儿早期教育公共服务成为应对人口老龄化、关系国计民生的千年大计。政府只有承担发展 0 ~ 3 岁婴幼儿早期教育公共服务的主体责任，制定 0 ~ 3 岁婴幼儿早期教育相关标准和规范，建立监督管理机制，构建主体多元、性质多样、服务灵活的服务体系，才能真正实现“幼有所育”的目标。

拓展阅读

《国务院办公厅关于促进3岁以下婴幼儿照顾服务发展的指导意见》为此前处于政策空白期的0~3岁婴幼儿照护行业首次提供了国家级的发展指导意见。作为国家层面的指导意见，该文件明确了3岁以下婴幼儿照护发展的指导思想、基本原则、发展目标，提出了3项主要任务，明确了5项保障措施，落实了4个方面的组织实施，明确了此项工作的部门职责分工，共涉及17个部门。

若想了解该文件的详细内容，请扫描二维码。

四、早期教育指导机构的定位与实践探索

（一）早期教育指导机构的定位

1. 早期教育指导机构的内涵

从教育政策及相关论述中可以看出，早期教育是指直接面向婴幼儿的教育；

早期教育指导既包含面向婴幼儿的教育，又包含对婴幼儿家长、看护人员的指导及服务；早期教育指导机构是指向婴幼儿及其家长、看护人员提供专业的早期教育指导的机构。进入20世纪以来，随着“儿童早期教育属公共责任”这一观点的出现，早期教育服务社会的公益属性也逐步明确。

2. 早期教育指导机构与家庭、社区的关系

家庭是0～3岁婴幼儿最早接触的环境，是影响儿童早期发展的重要因素。社区是0～3岁婴幼儿居住、生活与交往的主要地方，也是他们接受公共服务的最方便的场所。家庭、社区、早期教育指导机构是影响儿童早期发展的三个主要因素。

（1）早期教育指导机构对家庭的服务与支持

首先，家庭是早期教育指导机构教育过程中的影响因素及主要参与者。早期教育与家庭教育有着天然的联系。传统社会中，3岁以下婴幼儿的照顾工作一直属于家庭领域的事务，照顾责任一般都由母亲或家庭中的女性承担。随着现代工业革命以来经济社会的变革，越来越多的女性进入劳动力市场，外出工作和照料家庭之间的张力不断增大，3岁以下婴幼儿照顾逐步演变成为一个社会问题，于是，承担早期教育责任的公共服务场所及机构开始出现。不过，家庭仍是婴幼儿生活与成长的主要环境。

家庭成员是早期教育指导的主要参与者。基于此，早期教育指导机构面向的主要对象是婴幼儿及其家长、看护人员。早期教育指导机构在设置早期教育活动的目标、环节、内容时，必须充分考虑家长目前的看护教养水平及可以接受的程度，以家长易于接受的方式给予早期教育指导及支持。此外，家庭的内外部条件、成员之间的关系直接影响着婴幼儿的成长与看护人员的教养行为，也影响着家长与早期教育指导机构的合作与互动。教养行为良好、时间充裕、善于表达的家长还能够成为早期教育指导机构中重要的家长力量，承担家长助教、家长教师等职责，在早期教育指导机构的各种家长活动中“现身说法”。

其次，家庭是将早期教育指导机构的教养理念、知识与方法进一步延伸的场所。早期教育指导机构通过亲子游戏、家长工作坊、入户家访、家长咨询等多种形式，为家庭中的看护人员提供科学的支持与帮助，使看护人员具备科学的育儿理念与实用方法，逐步学会创设以儿童为本的家庭环境、在日常生活中开展基于日常材料的回应性亲子游戏，并用正面引导的方式支持儿童成长，促使他们之间形成良好的亲子互动关系。

（2）早期教育指导机构对社区的服务与支持

首先，通过建立社区早期教育示范基地的形式开展服务。2002年，北京市下发《关于开展社区0—3岁婴幼儿早期教育意见》，提出建设社区早期教育示范基地。截至2011年，北京市共建立了约300个市级社区早期教育示范基地。这些基地已经成为北京市早期教育示范中心，在指导社区开展早期教育活动中发挥了重要作用。

社区早期教育示范基地以早期教育基地（早期教育指导机构）为核心，向周边社区，尤其是散居家庭及流动家庭提供公益性的早期教育指导及服务，提高了周边社区的科学养育水平，提升了社区总体育儿能力。

其次，通过建立社区早期教育服务体系的形式开展服务。机构与周边社区共同形成合力，构建社区早期教育服务体系。机构发挥专业性与指导性的作用，社区发挥社区动员及资源整合的作用。利用社区卫生服务中心、妇女联合会（以下简称妇联）等，组织开展多形式、多渠道的早期教育指导服务。通过亲子游戏、家长讲座、入户家访等形式，帮助家庭解决早期教育中遇到的问题，为贫困家庭、流动家庭等提供帮助。

家庭、社区、早期教育指导机构都是儿童成长过程中最重要的场所，它们各有各的职责，不可相互替代。党的二十大报告明确提出要“健全学校家庭社会育人机制”。在实践层面，要充分发挥家庭、社区、早期教育指导机构的作用，从婴幼儿阶段抓起，进一步有机合作、明确职责、形成合力，共同构建适合儿童及家庭成长的支持性环境。

（二）早期教育指导机构的实践探索

在国外，很多国家的早期教育指导是通过颁布早期教养政策、开展早期教养项目及设立亲子中心的形式来实现的。在我国，早期教育指导机构的出现离不开托幼政策的发展。

1. 国外早期教育指导机构的实践探索

20世纪五六十年代，一些国家开始开展专门针对家长教育（或服务）的早期教养项目。美国于1965年实施“开端计划”（Head Start Project）。该计划通过关注儿童的早期发展，扩大弱势群体受教育的机会，消除贫困的恶性循环。开端计划兴起于美国的民权时代，是“反贫困之战”的产物。根据调研结果，截至2005年，该计划共为2300多万名儿童提供了包括早期教育在内的各种综合性服务，对美国幼儿教育产生了十分重要的影响。比如，20世纪60年代末期亲子计划的成功使美国出现了众多的亲子中心（Parent Child Centers，PCCs），这使更多的儿童能够获得高质量的服务。由家长组织的亲子游戏小组也在全国兴起。家长经常以教师或职员的身份参加开端计划的服务和管理工作。①1995年，美国把服务对象延伸到3岁之前的婴儿、学步儿及怀孕妇女，从而形成了“早期开端计划”（Early Head Start，EHS）。早期开端计划是由美国联邦政府资助的一个项目，主要针对低收入家庭的婴幼儿和怀孕妇女。其任务是促进孕妇产前的健康和婴幼儿早期的发展，以发挥家庭的作用。此外，早期开端计划工作人员每周对儿童和看护人员进行一次家访。在实施过程中，幼托中心工作人员或者家访者一般要与儿童看护指导者保持密切联系。

1998年，英国政府发布的《政府综合财政支出报告》强调了对儿童进行早期干预的重要性，提出实施以地区为依托，为所有5岁以下儿童及其家庭提供整合服务的“确保开端”项目。随后，英国率先在英格兰最落后的地区实施“确保开端”地方项目。截至2006年3月，英国已经开放了800个儿童中心；截至2009年9月，开放了3109个儿童中心并为人们提供服务。②

芬兰教育保育体系的内涵在国际调查中获得了很高的评价。尊重儿童接受教育的权利，设置形式多样的教保机构，保障学龄前儿童的入学机会。比如，针对0~3岁的婴幼儿设置公立日托机构，针对3岁以上的幼儿设置私立日托机构，针

---

① 姚艳杰、许明：《美国开端计划的发展、问题与走向》，载《学前教育研究》，2008（4）。

② 张莅颖、王亚：《英国“确保开端儿童中心”及其成就述评》，载《保定学院学报》，2013（1）。

对 3 岁以下的幼儿或者乡村地区的幼儿设置家庭托儿所、开放式托儿所等。芬兰在 1973 年制定的《儿童日托法案》已经开始重视早期教育阶段教师与小学教师、教师与家长和儿童之间的交流与合作，共同支持儿童的发展。

这些幼托中心、亲子中心在保障弱势儿童获得平等的早期教育机会的同时，为家长及其他看护人员提供了良好的养育及教育服务。这些均为我国早期教育指导机构的定位、功能的发挥提供了借鉴意义。

2. 我国早期教育指导机构的实践探索

在我国学前教育及早期教育政策的影响下，我国早期教育指导机构经历了以下几个发展阶段。

（1）第一阶段：国家重视 0～3 岁婴幼儿的保育工作，但早期教育指导机构尚未出现

从 20 世纪中叶到 20 世纪末，我国高度重视 0～3 岁婴幼儿的保育工作，并出台了不同政策，明确了 0～3 岁婴幼儿保育工作的归属。但是，0～3 岁婴幼儿保育工作的主要承担者为托儿所，尚未出现专业的早期教育指导机构。在这个阶段，教育部、卫生部、全国妇联共同主管 0～3 岁婴幼儿的保育工作。

1956 年，教育部、卫生部、内务部颁发《关于托儿所幼儿园几个问题的联合通知》，指出“要明确托儿所、幼儿园的领导关系，首先要划清托儿所和幼儿园的界限。托儿所和幼儿园应依儿童的年龄来划分，即收三周岁以下的儿童者为托儿所，收三至六周岁的儿童者为幼儿园”。此外还提出，托儿所由卫生行政部门分管，而幼儿园由教育行政部门分管。

1979 年，教育部、卫生部等 13 个部委联合召开了全国托幼工作会议。同年，中共中央、国务院转发了《全国托幼工作会议纪要》。《全国托幼工作会议纪要》中指出，会议建议国务院设立托幼工作领导小组，负责贯彻执行有关托幼工作的方针、政策和指示，研究制定托儿所、幼儿园的发展规划等。1980 年，国务院托幼工作领导小组成立。截至 1980 年年底，全国 29 个省、自治区、直辖市建立了托幼工作领导机构和办事机构。

1981 年，《中共中央转发全国妇联党组〈关于两个会议情况及 1981 年妇联工

作要点的报告〉的通知》中提出，“全国妇联应把抚育、培养、教育三亿以上的儿童和少年，作为自己的工作重点”。全国妇联按照中央的指示，对儿童少年工作（包括托幼工作）进行了全面部署。

1981 年，卫生部妇幼卫生局颁发了《三岁前小儿教养大纲（草案）》，明确了我国 0～3 岁婴幼儿各方面发展的一般规律、教养内容和要求。20 世纪 80 年代，托儿所、幼儿园的数量大幅增加。在妇联等群团组织的大力鼓励和支持下，家庭托儿所等社会力量领办的 0～3 岁托儿事业也得到了快速发展，满足了很多家庭的照看需求。

1989 年，《幼儿园管理条例》颁布，指出“本条例适用于招收三周岁以上学龄前幼儿，对其进行保育和教育的幼儿园”，并提出“国家教育委员会主管全国的幼儿园管理工作”。

（2）第二阶段：民办早期教育机构的兴起

1992 年，国务院发布的《九十年代中国儿童发展规划纲要》强调坚持动员社会力量发展幼儿教育的方针。2003 年，《关于幼儿教育改革与发展的指导意见》明确指出，2003—2007 年幼儿教育改革的总目标是“以社会力量兴办幼儿园为主体”，进一步强调了依托社会力量办托幼机构。民办早教机构开始在我国出现，逐步填补了 0～3 岁婴幼儿早期教育的市场空缺。

2001 年，国务院发布《中国儿童发展纲要（2001—2010 年）》，提出“建立并完善 0—3 岁儿童教育管理体制。合理规划并办好教育部门举办的示范性幼儿园，同时鼓励社会多渠道、多形式发展幼儿教育。积极探索非正规教育形式”。

20 世纪末，台湾等地兴起了以 0～3 岁婴幼儿为对象的亲子教育。亲子教育的形式多为父母陪同子女进入亲子园，在教师的引导下，体验亲子课程。亲子园、亲子基地、早教基地的经营理念满足了家庭对 0～3 岁儿童教育的需求。21 世纪初，北京、上海等地也涌现出了市场运营的亲子园。这些亲子园有较为先进的教育理念，引进了国外连锁经营等先进的模式，受到家长的欢迎。

由此，我国民办早期教育机构开始迅速发展。受历史原因的影响，一些民办营利性早教机构不受教育主管部门和卫生主管部门的制约，课程体系、师资水平、办学条件良莠不齐，存在经营、管理、服务等方面不规范的问题。

（3）第三阶段：政府主导的早期教育指导机构的探索

①地方出台政策明确早期教育机构的职责和归属。

北京市启动“社区儿童早期教育基地”建设工程。2002年，北京市教育委员会、北京市卫生局、北京市妇联联合下发了《关于开展社区0—3岁婴幼儿早期教育意见》，提出重点建设社区早期教育活动基地，形成以社区为依托的早期教育服务网络。2005年，上海市教育委员会、上海市卫生局、上海市民政局联合印发了《上海市早期教养服务机构管理规定》，在国内首次明确了早期教育机构的管理规定；一年后又将其重新修订为《上海市民办早期教育服务机构管理规定》，明确规定了民办早期教育服务机构由教育行政部门主管，走在了我国前列。2013年，江苏省南京市出台了《南京市0—3岁婴幼儿早期教养机构设置管理办法（试行）》，规定了南京市早期教育机构由人口和计划生育行政部门主管。同年稍晚，南通市出台了《南通市0—3岁婴幼儿早期教育机构设置基本条件（试行）》，规定由教育部门主管早期教育机构。

②专业性早期教育指导机构的出现。

2006年，上海市政府与上海市教育委员会统一部署，在各区县成立了早教指导中心。上海市各区县教育局、妇联、卫生局、人口和计划生育委员会四部门联合挂牌，成立了社区0～3岁婴幼儿早期教育指导服务基地，以区县早教中心为主干，以各乡镇、街道早教指导网点为分支机构，因地制宜地为0～3岁婴幼儿的家庭提供科学育儿指导服务。经过长期的探索，上海已初步成立了由多部门合作的早期教育指导服务网络。截至2016年10月，各区县已经建立区级早教指导中心19个、各类早教指导点400多个，对0～3岁婴幼儿家庭的免费指导服务达到每年6次。[①]2016年10月13日，上海早期教育指导服务中心在黄浦区揭牌成立，在市级层面提供科学化指导。

---

① 潘晨聪、李立基：《传递更科学的育儿理念 上海市早期教育指导服务中心揭牌》，载《上海教育》，2016（31）。

拓展阅读

传递更科学的育儿理念

上海市早期教育指导服务中心揭牌

全面两孩政策实施后，广大年轻家长对育儿指导的需求日益增加。为深入推进上海市早教指导服务工作，上海市早期教育指导服务中心成立会暨揭牌仪式2016年10月13日在黄浦区青少年科技活动中心举行。据介绍，0~3岁的孩子应以养为主、以教为辅，家庭教育和父母的陪伴对0~3岁婴幼儿的身心健康发展尤为重要。中国工程院院士、教育部原副部长韦钰根据十多年来在神经教育学、脑科学、认知神经科学等领域的研究成果，总结出0~3岁儿童早期家庭教育的三大核心。一是儿童和照护者之间需要一种温暖的、细心负责的、语言丰富的、稳定安全的互动关系；二是需要合适的环境刺激和引导；三是避免早期的忽视和虐待，包括长期处于应激状态、缺乏和教养者之间的互动等。

为积极推动上海市早期教育指导服务体系的建设，上海市教育委员会一方面努力提供早期教育指导服务，满足广大家长对育儿方法和早期教养知识的需求；另一方面通过对家长的指导和宣传，积极引导0~3岁婴幼儿家长树立正确、科学的育儿观，避免过度早教和培训的倾向，真正帮助家长呵护0~3岁婴幼儿的身心健康。

为全面贯彻落实《教育部办公厅关于开展0—3岁婴幼儿早期教育试点工作有关事项的通知》和《上海市学前教育三年行动计划（2015—2017年）》的精神，深入推进上海市早教指导服务工作，上海市早期教育指导服务中心应运而生。

长期以来，上海市各级政府都高度重视学前教育的发展，建设和完善学前教育公共服务体系。上海市积极提供优质的3~6岁幼儿教育服务，努力缓解入园矛盾，提升办园质量，而且早在21世纪初，就开始了对0~3岁婴幼儿早期发展的研究，尝试开展针对0~3岁婴幼儿家庭的早期教育指导工作。

③中国政府与国内外公益组织合作设立的早期教育项目基地。

20 世纪 70 年代至 21 世纪，随着社会福利政策的完善，福利政策的重点逐渐由“补缺型社会福利”转向“适度普惠性社会福利”。国家开始重视对儿童早期发展的投入，出台了一系列政策。我国政府与国内外公益组织开展了多种关于儿童早期发展的公益项目，为 0～3 岁婴幼儿提供营养、保健、保护等综合性服务的儿童之家、儿童快乐家园、儿童早期发展项目示范基地等也由此设立。

2001 年，国务院发布《中国儿童发展纲要（2001—2010 年）》，明确提出发展 0～3 岁儿童早期教育，增加社区儿童教育、科技、文化、体育、娱乐等课外活动设施和场所，90% 以上的县（市）至少有 1 处儿童校外活动场所。经过前期试点、全面推广等阶段，截至 2016 年，我国已经建成的儿童之家、儿童快乐家园和妇女儿童之家等共 150 507 所，形成了基本覆盖城乡社区的社区儿童服务网络。[①]

全国妇联与联合国儿童基金会合作，实施儿童早期发展社区家庭支持项目和贫困地区儿童早期综合发展项目。项目以社区为平台，为家庭提供早期科学育儿的支持和服务，改善家长的养育技巧，提高家庭的养育水平，促进儿童的健康发展，有力地推动了将儿童早期家庭指导服务纳入政府公共服务体系的进程。

“中国儿童福利示范区项目（2010—2015）”由民政部社会福利和慈善事业促进司、联合国儿童基金会和中国儿童福利示范区专家委员会三方共同合作开展，依照《儿童权利公约》及中国政府的有关政策，将儿童福利递送体系延伸到村或社区。该项目首期在山西运城地区、河南洛阳和驻马店地区、四川凉山彝族自治州、云南德宏傣族景颇族自治州和新疆伊犁哈萨克自治州的共 12 个县中的 120 个村进行试点，覆盖项目点中的 8 万余名儿童。[②]

早期教育指导机构在长期的发展历史中，形成了既包含市场化的早期教育机构、幼儿园下属的早期教育机构、政府及公益组织合作设立的公益项目基地，又

---

① 赵记辉：《政策与行动：中国儿童早期发展的探索》，载《黑龙江教育学院学报》，2018（5）。

② 儿童福利示范区项目协调办公室：《托起儿童的梦想——中国儿童福利周系列活动》，载《社会福利》，2013（6）。

包含专业性的市、区、县级早期教育指导服务中心的格局。早期教育指导机构的功能不仅包括指导婴幼儿及其家庭，而且包括在“三孩政策”的新形势下，以“互联网＋早期教育”的形式，探索科研—服务—指导—培训—技术输出的新模式。

（4）第四阶段：在“应对人口老龄化”，并调整生育政策的新形势下，托育机构与早期教育指导机构逐步融合

2015年10月29日，中国共产党十八届五中全会公布了全面放开两孩的政策。2021年5月31日，中共中央政治局召开会议，审议了《关于优化生育政策促进人口长期均衡发展的决定》。就积极应对人口老龄化、调整生育政策等问题，会议决定实施三孩生育政策。

在新形势下，托育行业作为支持家庭生育、养育的重要组成部分逐步兴起。为规范托育行业发展，2021年1月，国家卫生健康委印发了《托育机构保育指导大纲（试行）》，2022年11月，国家卫生健康委办公厅印发了《托育从业人员职业行为准则（试行）》。

很多政府主导的早期教育指导机构，将托育机构纳入早期教育指导的业务范围。比如，中华全国妇女联合会下属的中国儿童中心家庭养护支持中心于2018年开办了托育班，同时囊括了0~3岁早期教育指导的其他业务，包括亲子服务、家长工作坊、家长咨询等。托育机构与早期教育指导机构初步融合，能给不同需求的家庭提供不同类型的早期教育服务，有效支持到家庭的生育、养育和教育意愿。

本章小结

早期教育是直接面向婴幼儿的教育，内容包含开展适合儿童的早期启蒙活动，指导家庭为儿童提供丰富多样的饮食，支持与指导照护者开展促进儿童发展的回应性游戏，指导社区及家庭提供优质的儿童照顾服务等。早期教育的主要实施者是家长及看护人员，因此，早期教育指导既包含面向婴幼儿的教育，又包含对婴

幼儿家长、看护人员的指导和服务。在国外，早期教育指导主要通过颁布早期教养政策、开展早期教养项目及设立亲子中心的形式来实现。在我国，早期教育指导机构的出现离不开托幼政策的发展。随着政策的演变和社会的进步，早期教育指导机构已形成了包含市场化的早期教育机构、幼儿园下属的早期教育机构、公益项目基地，以及专业性的市、区、县级早期教育指导服务中心的格局。家庭是0～3岁婴幼儿最早接触的环境，社区是0～3岁婴幼儿居住、生活与交往的主要地方。家庭、社区、早期教育指导机构三者应有机结合、明确职责、形成合力，共同构建适合儿童及家庭成长的支持性环境。

小任务

1．请尝试用中西方教育理论来阐述儿童早期教育的重要性、早期教育的内容和形式。

2．有些家长认为，把孩子送到“早教机构”接受教育就足够了，家庭不需要额外做什么。假如你是一名早期教育指导机构的从业者，请尝试结合本章相关的内容，与家长进行沟通。

3．早期教育是对个体一生发展具有重要意义的事情。作为早期教育指导机构的从业者，你需要向周边社区宣传儿童早期发展的重要性。有社区工作人员提出，儿童的早期发展只是家庭的事情，其重要性不需要向社区进行宣传。请你从国内外政策的角度出发，用通俗易懂的语言向社区工作人员解释儿童早期发展对社区、社会，乃至国家的影响。

常见问题解答

问题1　早期教育指导机构的从业者经常会遇到这样的家庭：家长工作非常忙，忽略了对婴幼儿的陪伴。作为从业者，我们应该如何与家长沟通，促使其重视孩子的早期教育?

解答 首先，我们要站在家长的角度，对家长的处境表示理解。与家长共情，是取得家长信任的良好途径。还可以举一些真实的事例加以说明，如家长经常陪伴孩子并与其互动，这样的孩子各方面的发展都优于缺少陪伴的孩子，做到动之以情。

在家长信任我们的基础上，从业者要向家长充分说明家长在早期教育中的作用。可以运用学过的理论加以解释，做到晓之以理。比如，适当引用一些教育家的话。捷克教育家夸美纽斯认为，每个家庭都是一所母育学校，母亲是最主要的教师，为孩子的体力、道德与智慧发展奠定基础。幼儿教育应该尽早开始，家长应该在孩子早期就为其奠定虔敬、德行及智慧的基础。

其次，要给予家庭具体的指导。例如，家长该如何陪伴孩子？在工作之余，可以抽出空闲时间（如晚上、周末）与孩子共读绘本、做游戏；家长需要多学习，多参加早期教育指导机构的活动。机构围绕认知、语言、情绪与社会性、大动作、感知觉等方面而开展早期启蒙活动，能对家长起到直接的指导与支持的作用。

问题2 对于早期教育指导机构的从业者来说，中外早期教育思想和理论繁多，该如何将其应用在机构的课程构建、环境创设等实践工作中?

解答 任何课程构建和环境创设都需要理论基础。早期教育指导机构的从业者对中外早期教育思想和理论的学习要做到边学边用、活学活用。

第一步，研讨课程构建和环境创设为实现哪些教育目标服务，再寻找适宜的理论，作为实践的基础。例如，德国教育家福禄培尔提到的玩具是引导儿童把活动本能引向外部世界，并从中“吸收”各种心智的手段，游戏是儿童与外部世界相互作用的基础形式；我国教育家陶行知提出的“活教育”、杜威的“以儿童为中心”“儿童建构环境”等。这些理论都与课程构建、环境创设有关。

第二步，运用理论，反观实践。实践中的课程是否打破了按照学科组织的传统课程模式，将教育置身于儿童的生活环境，尤其是大自然和社会环境中？是否避免了生硬的灌输，注重了儿童的操作与体验？是否根据儿童利用感官进行学习的特点，设置了生动活泼的游戏与活动？是否能使儿童动手动脑、积极探索和实践，促进了儿童的学习与发展？早期教育指导机构的环境创设是以教师与成人的审美、喜好为中心的，还是基于儿童的特点，从儿童的视角出发的？在环境创设中，是否考虑到了儿童与环境的互动？环境中是否体现了儿童的可参与性？

第三步，反思、改进与调整。理论是方向，但是最终要在实践中体现。课程实施过程中，课程目标是否都已达到？儿童是否获得了真正的快乐，实现了真正的成长？游戏材料是否丰富、适宜、多样化？环境创设是否“成人化”？环境是否满足了儿童游戏的需求？从反思和实践中进一步深化理论的应用。

问题3　早期教育指导机构的从业者应该如何开展社区宣传活动？

解答　早期教育指导机构的从业者要基于机构的教育理念与目标，与周边社区建立联系，以便将科学的儿童早期发展理念、有效的儿童早期教育方法传播到周边社区，尤其是流动家庭、散居家庭中。首先，要深入社区进行前期的宣传，深入社区卫生服务中心、妇联组织、居委会等机构，说明本机构的教育理念和社区宣传的目的。在这个过程中，要杜绝营利性活动，获得社区工作人员的信任。其次，可以通过海报、宣传彩页等形式，将儿童早期发展的重要性和家庭育儿指南，用通俗易懂、具有操作性的语言进行表达，免费提供给社区家庭。同时，对社区家庭进行基本的摸底调查，了解家庭育儿的需求和困惑。最后，在与社区建立基本联系后，可以有针对性地组织开展多形式、多渠道的早期教育指导服务。通过公益性的亲子活动、家长讲座、入户家访等形式，帮助家庭解决早期教育中遇到的问题，为贫困家庭、流动家庭等提供帮助。

第二章　早期教育指导机构的组织架构

通过学习本章，你将可以

1. 了解早期教育指导机构的组织与组织架构，了解影响早期教育指导机构组织架构的内部、外部因素有哪些。

2. 了解早期教育指导机构的不同类型。

3. 了解不同类型早期教育指导机构的组织架构。

一、组织与组织架构

早期教育指导机构的从业者只有了解组织与组织架构的基本常识，才能在机构的组织工作中有效地利用组织外部资源，规划与协调内部资源，充分发挥组织职能，实现高效管理的目标。

（一）组织与组织架构概述

张燕、邢利娅在《幼儿园组织与管理》一书中提出，组织作为一种实体的组织机构，是发挥管理效能的工具，组织活动过程也是一种管理活动。“管理就是组织”，这个组织再通过一系列的工作和活动发挥作用，实现管理效能。组织架构是在特定的组织环境下，组织机构充分利用组织资源，为实现其组织职能而形成的一个体现组织内部构成要素及其相互关系的组织框架。通过组织架构，我们能够判断一个组织的内部资源配置是否协调，组织职能运作是否顺畅，实施管理和改革的组织环境是否适切。

（二）影响早期教育指导机构组织架构的内部因素

早期教育指导机构组织架构是隶属关系、岗位设置与权责分工的有机融合体。三者相互联系，又相互区别。要想具备较完善的组织架构，就必须对组织架构的依托与基础——隶属关系、岗位设置和权责分工——进行科学合理的研究设计。

1. 隶属关系

组织机构的隶属关系主要有两大类：独立设置的早期教育指导机构和隶属于某一组织的早期教育指导机构。市场机制运行下的早期教育指导机构多为独立设置的早期教育指导机构，由民间资本或私营企业运营；隶属于某一组织的早期教育指导机构则包含幼儿园下属的早期教育机构、政府及公益组织合作设立的公益项目基地、区（县）级早期教育指导中心下属的早期教育机构等。

2. 岗位设置

岗位设置，顾名思义是指某个组织机构所设的岗位及其工作内容的安排情况。按岗位的性质来划分，早期教育指导机构内设有管理岗位和专业技术岗位。一般而言，管理岗位的工作人员，主要负责与保障机构顺畅运作相关的管理、协调工作；而专业技术岗位的工作人员，主要负责提供专业性的技术服务和支持。按岗位的稳定性来划分，分为专职岗位和兼职岗位。以现代组织结构理论为参考，早期教育指导机构的岗位设置应在尽可能确保组织工作内容集中的情况下，按照其相同任务进行整合岗位设置，岗位数量越少越好，最大限度地利用和节约组织的人力资源。岗位设置应明确工作内容，细化每一个岗位的工作要求，以确保一般情况下不同岗位工作人员的工作内容不重叠。

3. 权责分工

权责分工情况反映了组织机构内部的权利与责任关系，是组织机构内分工协作和权利分配情况的重要体现。也就是说，分工协作和权利分配是组织机构进行权责分工时考虑的两大问题。

早期教育指导机构作为一种特殊的组织机构，其分工协作和权利分配情况相较于其他组织来说有其特殊性：专业性教师占比较多；即使是管理人员，对他们的要求也比较高。管理岗位涉及后勤、资产、档案、财务等。结合早期教育指导机构特有的组织环境、组织资源和组织职能进行分析，要想做到权责分工明晰，就要合理地安排和规定好每个岗位人员应承担的工作责任及拥有的权利，确保权责分工明晰，权责不重叠，也不存在空白的地带。这样，机构中的人员才能各司其职、恪守其责，共同携手实践组织职能。

（三）影响早期教育指导机构组织架构的外部因素

很多因素都会影响早期教育指导机构的组织架构。例如，早期教育指导机构所在地区的政策会对机构的定位与职能有明确的规定。这些规定会在机构的组织架构方面体现出来。因此，从业者在创建早期教育指导机构的过程中，要对影响早期教育指导机构组织架构的外部因素有所了解。了解机构的外部环境，有助于有效调动资源，发挥机构职能；了解机构的组织职能，有助于机构形成共同的目标和愿景，有助于机构自身的有效管理和良性运转；了解机构的组织资源，有助于优化内外部资源，形成合力，实现职能。

1. 外部环境

外部环境包括政治环境、经济环境和组织文化（组织物质财富和精神财富的综括），是组织架构的外部影响因素。其中，政府出台的相关政策是影响机构环境的主导因素。如果一个国家或地区重视早期教育指导工作，并积极出台支持性政策，机构所处的社会大环境是良性的，这个地区的早期教育指导机构就会蓬勃发展。一个国家或地区的社会经济状况是影响机构环境的重要因素。在经济条件好、生活水平较高的地区，早期教育指导机构发展得相对更好。此外，早期教育指导机构的理念和文化也是外部环境中决定机构发展方向的因素。

2. 组织职能

组织职能是指组织机构按照预期的规划安排项目活动，合理协调、配置机构内部的生产要素，以实现其组织目标的一种作用或能力。通常情况下，活动的规划主要包括六大基础职能：咨询、培训、指导、研究、评估和交流。组织架构是早期教育指导机构实现基础职能的载体。无论哪种类型的早期教育指导机构、发展到什么程度的早期教育指导机构，其开展的项目活动都会一直与0~3岁婴幼儿的早期教育指导密切相关。

3. 组织资源

组织资源是组织运行与发展过程中不可或缺的物质资料，一般包括人力资源、资金资源等。对组织资源进行调控和管理，可以给组织和组织中的工作人员创造利益。只有保证人力和资金的充沛，早期教育指导机构才能具备推动组织架构运作的基础资料。人力资源是早期教育指导机构的无形资本，是开展工作的主导力量；资金资源是机构运作必须拥有的物质支撑。

二、早期教育指导机构的类型及组织架构

（一）早期教育指导机构的类型

1. 以发展历史和隶属关系为基础进行分类

从早期教育指导机构的发展历史来看，早期教育指导机构形成了既包含市场化的早期教育机构、政府及公益组织合作设立的公益项目基地，又包含专业性的市、区、县级早期教育指导服务中心的格局。按照隶属关系，这些早期教育指导机构又可以分为独立设置的早期教育指导机构和隶属于某一组织的早期教育指导机构。市场机制运行下的早期教育指导机构多为独立设置的早期教育指导机构，由民间资本或私营企业运营；公益性的早期教育指导机构一般都存在隶属关系，如幼儿园下属的早期教育机构隶属于教育委员会和幼儿园，公益项目基地隶属于政府和公益组织，还有部分公益性早期教育机构隶属于区（县）级早期教育指导中心。

2. 以社会建构主义理论为基础进行分类

国外对早期教育指导机构的研究主要从社会建构主义视角出发，认为早期教育指导机构是具有社会福利性的机构。国内早期教育指导机构的建立符合中国国

情，早期教育指导机构具有社会建构性和社会需求性，有公立和私立两种性质。

比如，谭峰将当前的早期教育机构分为两大类。一类是专门面向0～3岁婴幼儿设立的公立早期教育机构，如公立幼儿园内开设的亲子班等；另一类是社会人士独立开设或者商业集团连锁设立的私立早期教育机构。

3. 按照经营类型及主体进行分类

一些学者按照经营类型与主体对早期教育指导机构进行了分类。比如，将早期教育机构分为三类。第一类是幼儿园开办的、面向0～3岁婴幼儿的早期教育机构，这类机构在教育理论上有一定的专业保障；第二类属于各类培训学校的延伸业务，虽然不是专门针对早期教育的，但在培训场地、师资和管理上也具备了基本的教育条件；第三类是以咨询公司等名义从事早期教育业务的机构，这类早期教育机构不同于前两类，只需在工商行政部门注册即可。[①]华东师范大学的王峥在《上海以社区为基础的0—3岁儿童服务机构的运行走向研究》一文中指出，中国同英国等国家一样，0～3岁儿童服务机构的运行架构也是由政府、市场和非政府组织形成的，三方共同构成了0～3岁儿童服务机构运行工作的三大支柱，三者在各自擅长的领域发挥相互补充、相互制衡的作用。

在遵循我国早期教育指导机构的历史发展脉络，充分考虑早期教育指导机构的现实形态和格局的前提下，结合实践需求，本章根据经营主体的不同，将早期教育指导机构分为政府类、经营类、非政府组织类三种类型。

（二）不同类型早期教育指导机构的组织架构

1. 政府类早期教育指导机构

（1）政府类早期教育指导机构概述

政府是推动早期教育纳入公共服务体系的关键力量。0～3岁婴幼儿早期教育公共服务是一项特殊的事业，以政府的力量为主导开办早期教育，是确保早期教育良性发展的根本。

---

① 刘霖芳：《我国早教机构发展中存在的问题及对策》，载《教育探索》，2012（10）。

（2）政府类早期教育指导机构的形式

①市、区、县级早期教育指导网络。

以北京市和上海市为代表。北京市自2001年以来，先后出台了一系列法规文件，在各区县教育委员会、幼儿园及相关部门的共同努力下，逐步形成了以社区为依托，面向0~3岁婴幼儿及其家庭的早期教育服务网络。上海市的早期教育指导体系由两方面构成：一方面，各区县教育部门建立了3岁前在园在托的儿童保教研究指导网络，提高托班的保教质量；另一方面，区县0~3岁早期教育指导中心和面向街道、社区的亲子教育指导站共同形成二级网络，构成了公立早期教育指导机构的主体。早期教育指导中心既是社区儿童的活动中心，又负责0~3岁早期教育的研究、管理、指导以及对本区县从事早期教育指导与服务的人员的培训工作，是公立早期教育指导机构的主体。

②公办幼儿园托班与社区早期教育示范基地。

"托幼一体化"概念始于1997年，《上海托幼三年（1995~1997年）工作的回顾与总结》中指出，托幼机构逐步呈现一体化的倾向，把0~6岁学前教育视为一个系统的整体将成为现实。托幼一体化逐步成为幼教改革的热点问题。[①]在一些城市的条件较好的幼儿园中，托班已经成为一种新型的班级结构。

社区早期教育示范基地主要设置在幼儿园中，是利用园内及社区资源优势，由专职、兼职的早教教师组成早教教师队伍，根据儿童的发展需要和家长的教育需求，面向社区散居儿童及家庭，定期提供专业化的指导与多种形式的服务的机构。

（3）政府类早期教育指导机构的组织架构

①建立组织体系。

以社区早期教育示范基地为例。首先，政府相关部门通常会建立由幼儿园、所在街乡（镇）妇女联合会、区教育委员会、区妇女联合会、区卫生健康委员会等参加的社区儿童早期教育工作联席会议制度，充分发挥社区资源优势，对早期

① 丁昀：《教育一体化是托幼一体化的根本和关键》，载《学前教育研究》，2000（2）。

教育工作进行统筹规划，并有计划地落实。其次，成立早期教育工作领导小组。小组成员包括园长、早期教育基地负责人、教师代表、保健医生、社区联络员、教师代表等，主要负责早期教育基地的管理、运作、协调及教学管理、对外联络、早教宣传、家庭教育指导等工作。可以是专职人员，也可以是兼职人员。（图 2–1）

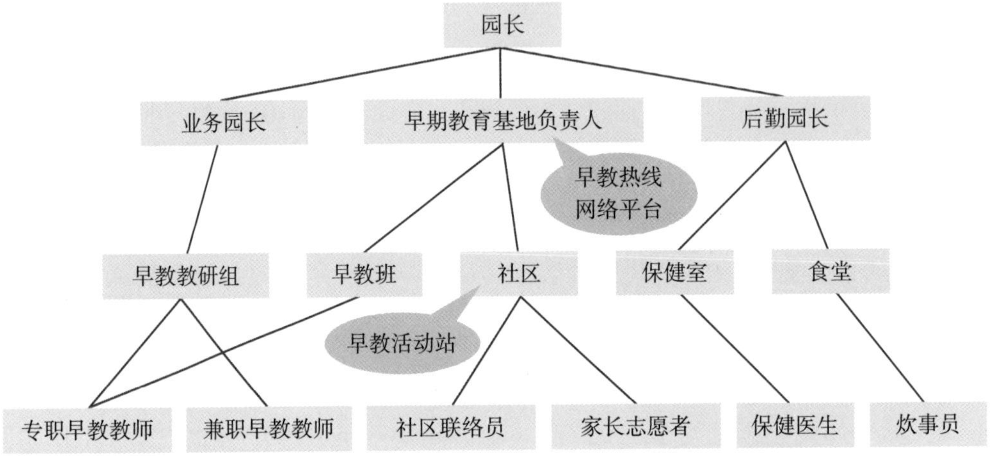

图 2–1 早期教育基地组织机构模式（由国防大学第一幼儿园提供）[①]

②设定岗位并组建队伍。

各基地根据基地建设规模和实际情况，确定所需人数及人员条件。根据岗位设置确定工作职责，在人员条件有限的情况下，可由一人兼任多个工作岗位。

岗位设置要求如下。

分管早期教育的领导：1 名。

专（兼）职早教教师：1~2 名。

专（兼）职保育员：1 名。（教师和保育员的设置可根据早教班及社区服务规模而定。）

专（兼）职社区联络员：1 名。

保健医生（兼）：1 名。

① 张凤华：《海淀区社区儿童早期教育基地管理手册》，14 页，北京，北京师范大学出版社，2010。

后勤人员（兼）：1 名。

社区早期教育基地工作人员的任职资格及工作职责如表 2-1 所示。

表 2-1　社区早期教育基地工作人员的任职资格及工作职责

岗位	任职资格	工作职责
园长	符合幼儿园或早教园园长任职条件	全面负责园内早期教育基地的管理工作，负责早期教育基地工作人员的聘任和管理
早期教育基地负责人	有教师任职资格，有早期教育上岗培训证书，有相关管理工作经验	负责早期教育基地工作人员的培训及考核；负责制订早期教育基地工作计划，撰写工作总结；组建社区游戏小组；负责早期教育基地的招生、宣传、教学、联络协调、管理等工作；负责早期教育基地的档案管理；负责早期教育教研工作的组织；负责社区活动站的建立与管理
专（兼）职早教教师	有教师任职资格，有早教教师上岗培训证书，有 2 年以上托班、小班工作经验，有较强的沟通能力	负责早教班的全面工作，包括早教课程的设计与组织实施；早教班的安全和管理；家长指导工作，如引导家长参加社区早期教育宣传、咨询活动；入户指导；早教班婴幼儿档案的建立与管理；参与教研组中有关早期教育的教研活动
专（兼）职保育员	持保育员上岗证书	创设清洁卫生的活动环境，为婴幼儿提供生活各方面的保障，协助早教教师开展各项活动
专（兼）职社区联络员	由熟悉本地情况的社区或居委会工作人员及幼儿园早期教育基地负责人共同担当	建立社区 0～3 岁儿童档案，加强幼儿园与社区的沟通、协作，共同制订计划
保健医生（兼）	符合幼儿园保健医生上岗要求	0～3 岁婴幼儿及其家长入园体检的审核，早教班晨检、巡诊，社区保健咨询及入户指导等
后勤人员（兼）	接受过后勤管理培训，有相关工作经验	负责早期教育基地活动场地、设备设施及玩教具的安全，负责儿童饮食的管理

拓展阅读

上海市 0~3 岁早期教育试点

——某区早期教育指导中心简介

上海市某区南片现有 2 个公办早期教育中心以及 19 个亲子学苑。该区的早期教育指导中心成立于 2008 年，其核心任务为满足 0~3 岁婴幼儿的身心发展需要，以家园共育的形式为婴幼儿发展提供优质的早期教育，以促进区域内每一个 0~3 岁婴幼儿身心全面、和谐发展。

该区早期教育指导中心能够充分利用各方资源开展教师培训工作。运用网络资源，开展网上培训，将“育儿周周看”这一由上海市教育委员会基础教育处立项，上海市电化教育馆实施，上海市卫生和计划生育委员会、上海市妇女联合会等单位支持的“0—3 岁婴幼儿家庭早教指导服务”系列项目之一推送给教师，由此引发教师的网络信息自学行为。同时，融入专家资源，推出专题讲座，该中心在为 0~3 岁婴幼儿家庭提供综合指导服务的过程中尝试了社区开放服务模式，每年向全区 5 个街道的全体婴幼儿开放 10 次社区活动，届时，各亲子学苑会派出早教教师到中心参加教师服务工作。中心利用这样的契机，对教师开展实地培训。

在网络培训中，该中心充分利用通信工具，搭建微信平台，实现了早期教育指导中心网页与微信平台的嫁接；同时，每月的推文提高了教师培训的持续性与专业性，围绕上海市 0~3 岁“科学育儿”指导工作的相关要求，以早教节为亮点，开展宣传推广工作，通过微信平台，发布早教节优选亲子互动游戏方案。

2. 经营类早期教育指导机构

经营类早期教育指导机构的投资主体是个人或者私营企业，将 0~3 岁儿童服务机构面向市场开放，即由市场来承担 0~3 岁儿童服务机构的一部分运行工作。经营类的早期教育指导机构形式多为商业性早教机构，并在工商行政部门注册。

（1）经营类早期教育指导机构的特点

与政府类早期教育指导机构相比，经营类早期教育指导机构具备以下特点。一是提供多样化、多层次的服务。这些面向市场的服务机构为了能够争取到有着不同需求的家长，会提供多样化、多层次的服务，这在一定程度上满足了家长的不同需求。

二是重视市场定位和市场营销。各类早教机构都拥有独特的历史，具有自己的特色以及社会资源，因此，每一个早教机构提供的早教产品也存在差异。早教机构的管理者只有尽早地看到自身的长处和不足，才能更好地进行市场定位，更加清楚自身提供的早教产品是否满足市场的需求及消费者的需求。在市场营销方面，经营类早期教育指导机构通常专设营销部门或营销中心，营销主管位于公司高、中级管理层。经营类早期教育指导机构采取外部营销和内部营销两种策略。对外采取多种营销方式，关注服务质量和顾客满意度；对内通过多种培训活动，对员工的沟通能力以及销售技巧等进行培训，强化员工的营销理念。

（2）经营类早期教育指导机构的组织架构

有多家分店的经营类早期教育指导机构的组织构架表现出多层次性。第一层为总经理、董事长，负责公司运营管理总体方向的把握与策略的提出；第二层为课程总监、营销总监、后勤总监、财务总监，负责对机构内课程实施、市场营销、后勤配备、资金控制与管理等的具体管理；第三层为店长（园长）与店长（园长）助理，主要从事店务管理工作；第四层为教务人员，包括主课教师、辅课教师，以及实习与兼职教师，主要从事教务工作；第五层为前台人员、财务后勤人员等，主要负责营销与客服工作、财务管理与后勤保障工作。

单店经营的早期教育指导机构的组织构架同样表现出多层次性。第一层为店长（园长）与店长（园长）助理，主要从事店务管理工作；第二层为教务人员，包括主课教师、辅课教师，以及实习与兼职教师，主要从事教务工作；第三层为前台人员，主要负责营销与客服工作；第四层为财务后勤人员，包括财务、行政、人事管理人员，主要从事财务管理与后勤保障工作。

拓展阅读

民办早期教养服务机构是以0~3岁散居儿童为主要服务对象，向其家长及看护人员提供科学育儿指导、咨询，并提供儿童教养活动场所的机构，是学前教育的组成部分，也是普及学前教育的重要服务形式，目的是提高家长及看护人员的科学育儿水平，促进儿童身心和谐发展。

若对上述内容感兴趣，可扫描二维码浏览《上海市民办早期教养服务机构管理规定》。

3. 非政府组织类早期教育指导机构

（1）非政府组织的特点

概略地说，非政府组织就是除政府和企业之外的社会组织，主要致力于社会服务与管理。它是依法建立的非政府的、非营利性的、非党派性质的，自主管理并且具有一定自愿性质的，致力于解决各种社会性问题的社会组织。中国的非政府组织也称社团、民间组织、非营利机构或第三部门。

非政府组织的儿童早期发展项目众多。全国妇女联合会与联合国儿童基金会合作，实施儿童早期发展社区家庭支持项目和贫困地区儿童早期综合发展项目。“中国儿童福利示范区项目（2010—2015）”由民政部社会福利和慈善事业促进司、联合国儿童基金会和中国儿童福利示范区专家委员会三方共同合作开展，依照《儿童权利公约》及中国政府的有关政策，将儿童福利递送体系延伸到村或社区。该项目首期在山西运城地区、河南洛阳和驻马店地区、四川凉山彝族自治州、云南德宏傣族景颇族自治州和新疆伊犁哈萨克自治州的共12个县中的120个村进行试点，覆盖项目点中的8万余名儿童。卫生部（现国家卫生健康委员会）与世界卫生组织合作，开展了农村早期儿童发展社区服务项目和儿童早期发展促进项目等。截至2016年，我国已经建成了多所儿童之家、儿童快乐家园和妇女儿童之家等，形成了基本覆盖城乡社区的社区儿童服务网络。

（2）非政府组织类早期教育指导机构的组织架构

以非政府组织设立的公益项目基地为例。

第一层：第三方组织（联合国儿童基金会、世界卫生组织），中央政府部门（国家卫生健康委员会、民政部），全国妇女联合会。

第二层：地方政府（卫生部门、民政部门），地方妇女联合会项目办。

第三层：地方政府（卫生部门、民政部门），地方妇女联合会项目人员。

第四层：基层（村或社区）项目点教师、项目管理人员。

拓展阅读

世界历史上早期教育机构发展的时间节点①

17 世纪，捷克教育家夸美纽斯主张每个人都有受教育的权利。教育必须从幼年开始，而且应该按照自然之道进行。他把提供与婴幼儿期相对应的教育的地方称为母育学校，母育学校是幼儿园的雏形。

1770 年，法国新教派的一名牧师奥柏林创办了“编织学校”。这是近代学前教育设施的萌芽。

1816 年，英国空想社会主义思想家和教育家欧文创办了“新兰纳克幼儿学校”。这是英国也是世界上最早的学前教育机构。

19 世纪初，德国出现了一些慈善性质的保育机构。19 世纪 20 年代后，受英国的影响，德国开始根据英国的办学经验，大力发展学前教育。

1837 年，德国福禄培尔在勃兰根堡开办了一所学龄前儿童教育机构——儿童活动学校，并于 1840 年将它正式命名为“幼儿园”。它是世界上第一所以“幼儿园”命名的学前教育机构。

19 世纪中期，福禄培尔幼儿园运动波及俄国。1860 年前后，俄国出现了第一批幼儿园。

1860 年，美国妇女伊丽莎白·皮博迪在自己的私人住宅里开办了一

① 张燕：《某早教企业的发展战略研究》，硕士学位论文，西南交通大学，2016。

拓展阅读

所私立幼儿园。这是美国的第一所讲英语的幼儿园。

1873年，美国圣路易市教育局局长威廉哈里斯建立了美国第一所公立幼儿园。

1876年，日本政府创办了第一所公共学前教育机构，即东京女子师范学校开办的附属幼儿园。它是日本学前教育史上的第一所公立幼儿园。近代日本，在明治维新时期形成了学前教育制度，它较多地引进和吸收了欧美进步主义的教育思想和经验，特别是福禄培尔的学前教育理论。

1890年，民间人士赤泽钟美夫妇于新潟市创立了日本学前教育史上的第一所托儿所。随着资本主义工业生产的发展，妇女就业人数增加，简易幼儿园仍不能满足所有孩子的入园要求，于是，一种新的学前教育机构——托儿所便应运而生。

19世纪末20世纪初，英国以城市贫民和工人阶级的幼儿为招收对象的教育设施——免费幼儿园诞生。1919年后，“免费幼儿园”改称为“保育学校”。

1907年，蒙台梭利在罗马贫民区开办了一所招收3~6岁贫民儿童的幼儿学校，并将其命名为“儿童之家”。

本章小结

组织作为一种实体的组织机构，是发挥管理效能的工具，组织活动过程本身就是一种管理活动。早期教育指导机构从业者需要了解组织和组织架构的基本常识，有效利用组织外部资源，有效规划与协调组织内部资源，实现高效管理。从内部因素看，早期教育指导机构组织架构是隶属关系、岗位设置与权责分工的有机融合体；从外部因素看，影响早期教育指导机构组织架构的外部因素有外部环境、组织职能和组织资源。早期教育指导机构有不用的分类方法。本章按照经营主体分类，将早期教育指导机构的类型分为政府类、经营类、非政府组织类，并分别对不同类型的早期教育指导机构的组织架构进行了阐述。在实践上，对不同类型机构的从业者有指导意义。

小任务

1．影响组织架构的内部因素有隶属关系、岗位设置和权责分工。请结合你所在的早期教育指导机构的实际情况，对三种因素进行逐个分析。

2．请按照本章政府类、经营类、非政府组织类的分类方式，对你所在的早期教育指导机构进行分类。

3．请运用本章所学知识，列出你所在的早期教育指导机构的组织架构图。

常见问题解答

问题　假设你是一名新成立的早期教育指导机构的管理者，当你发现新聘任的员工工作积极性不高时，如何处理比较好？

解答　早期教育指导机构的管理者要关注到每一位员工的积极性。这是关系到机构的组织职能是否能够充分发挥的重要因素，也是涉及员工个人发展和机构整体发展的关键。管理者要站在员工个人职业发展和机构管理全局的角度来考虑这个问题。

早期教育指导机构的新手教师会面临以下困难和压力。一是实践经验不足，导致教师产生畏难情绪。要多安排新手教师跟岗实习、观摩课程、课后研讨，采取一对一帮扶、老带新等方式搭建新手教师学习的平台。二是缺乏与儿童互动的正确方法。新手教师虽然在学校学习过教育理论和方法，但是在面对3岁以下个性迥异的儿童时，还是会无所适从。管理者要给教师更多的空间与机会去接触儿童，如可以通过前台接待这些基础性工作，使教师了解每个儿童的性格特点，逐步学会与儿童互动的方法。三是不擅长与家长沟通，这也是新手教师面临的最大困难。管理者要通过教师培训、专题研讨等方法指导新手教师剖析0~3岁儿童家庭的家长群体特点，使其了解家长的教育理念、教养类型、育儿困惑，并以“观察者”“收集者”的身份，观察儿童的特点与亲子互动方式，收集遇到的每一个育儿困惑，日益月累，提高新手教师解读儿童、服务家长的能力。

除以上这些外，管理者还要站在管理的角度了解教师的工作经历与经验、个人的性格特点、家庭背景以及近期的工作与生活状况，为新手教师解决当下遇到的问题和困难，帮助他们融入新环境。此外，还要从文化、制度层面考察是否存在制约教师发挥积极性的因素。比如，组织文化氛围是否健康、上进、包容，是否为新教师提供了温馨友好的成长环境，机构的共同愿景与新教师的个人职业发展之间是否存在矛盾，机构的管理机制是否顺畅，各层级管理者与新教师之间的沟通交流是否合理、有效等。

第三章　早期教育指导机构的制度建设与队伍建设

通过学习本章，你将可以

1. 了解早期教育指导机构制度的分类，制定建设的基本原则和贯彻落实制度的基本要点。

2. 了解早期教育指导机构队伍建设的核心要素，以及不同类型早期教育指导机构队伍建设的具体实施方法。

一、早期教育指导机构的制度建设

制度是指用人单位制定的组织劳动过程和进行劳动管理的规则以及制度的总和。[①]早期教育指导机构制度，是为了实现组织机构的目标，根据国家的法律法规以及实际的工作环境，采用条文的形式，对机构各项工作和各类人员的要求加以条理化、系统化，规定出员工必须遵守的、具有一定约束力和强制性的行为准则和工作规程。

（一）早期教育指导机构制度的分类

早期教育指导机构制度的内容和范围很广，按其性质和作用，大体可以分为

---

① 杨忠君、时松：《对幼儿园管理制度四大基本问题的研究》，载《佳木斯职业学院学报》，2015（10）。

两大类。第一类是国家和上级行政领导部门颁发制定的关于早期教育指导机构管理的规章制度。例如,《国务院办公厅关于促进3岁以下婴幼儿照护服务发展的指导意见》,由国家卫生健康委员会组织制定的《托育机构设置标准(试行)》和《托育机构管理规范(试行)》。不同的省、市、区、乡等各级人民政府和教育管理部门也会针对本地区颁布相关的管理制度。例如,北京市大兴区教育委员会发布的《关于加强0—3岁婴幼儿早期教育工作的指导意见(试行)》等。第二类是各机构内部制定的规章制度。这类制度只在本机构内具有管理、制约的作用。

1. 政府类、非政府组织类早期教育指导机构的制度类型

制度为管理服务,而管理的职能与机构的性质相关。政府类与非政府组织类早期教育指导机构呈现出公益性,有相对成熟和稳定的制度化管理体系。常见的机构内部的制度主要有全体性的制度、部门性的制度、岗位职责制度、奖励与惩罚制度、职能性制度五大类型。

(1)全体性的制度

全体性的制度,就是指针对早期教育指导机构内全体人、事、物的制度。全体性的制度包含面向全体人员的制度,如职业道德规范或员工工作守则等。应注意的是,早期教育指导机构的独特之处在于,其面向的人群不仅是机构内各岗位的工作人员,而且包括家长和婴幼儿。

全体性的制度能够指导、组织集体的共同生活,统一各类人员的行为,起到规范工作和行为的作用。

案例

早教中心家长行为规范示例

欢迎您和宝宝来到×××早教中心!早教中心是宝宝第一次体验集体活动的场所。为了创设一个良好的学习环境,促进宝宝健康发展,请您配合做好以下工作。

①为了给宝宝创设一个良好的教育环境,每次活动请一位家长进入活动室。

②为了保障活动环境的安全及卫生,请提醒宝宝不在园内随地大小便,请您

为2岁以下的宝宝穿上纸尿裤。参加室内活动时，请家长和宝宝都穿上各自专用的室内软底鞋。

③为了培养宝宝的良好习惯，请让您的宝宝自己取、放玩具。玩完玩具后，协助宝宝将玩具放回原处。请提醒您的宝宝每次只取放一种玩具。

④在确保安全的前提下，不轻易打断宝宝正在进行的活动。开课前半小时不要给宝宝进食，以免剧烈运动造成宝宝身体不适。

⑤保持活动场所的安静。当您陪同宝宝活动时，请保持手机处于关机或震动状态，不在活动室内接打手机。家长间如需交流，请注意不要影响其他人。

（2）部门性的制度

部门性的制度，即根据机构内不同部门的工作内容来建立和完善制度，以此明确各部门的工作任务和职责，起到科学管理的作用。早期教育指导机构下设不同的部门，如行政管理部门、卫生保健部门、业务部门、后勤部门等。各类型早期教育指导机构的性质和规模不同，内部下设的若干分支机构也稍有不同。部门性的制度包括教师培训部门工作制度、卫生保健部门工作制度、后勤部门工作制度等。以后勤部门工作制度为例，包括财务制度、财产管理制度、物品采购与验收制度、档案资料管理制度等。

案例

教师培训部门工作制度示例

①教师培训部门要有目的、有计划、多形式地组织开展早教教师培训，提高教师的理论水平和业务能力。

②教师培训部门需要每学期组织教师参加市、区组织的早教培训，激励教师接受新信息、学习新知识、研讨新方法。

③定期组织教师外出观摩、学习与研讨，提高教师组织早教活动的能力。

④每月组织教师的观摩活动，提高教师教育活动实践能力和家庭教育指导能力。

（3）岗位职责制度

岗位职责制度是指根据各个工作岗位的性质和业务特点，明确规定其职责、权限，并按照规定的工作标准进行考核及奖惩而建立起来的制度。因此，岗位职责制度是机构内各项制度的核心。岗位责任制使每个工作岗位的职责明晰化，使组织的各类人员能够在其位、行其事、尽其责。

案例

早教中心教师岗位职责制度示例

①热爱早期教育事业，有良好的师德。

②具有一定的早期教育教学实践能力，善于反思，注重学习，不断提高专业素质与教育技能水平。

③善于观察和了解儿童。依据《北京市0—3岁儿童教养大纲（试用）》，结合儿童的年龄特点和个体差异，制订切实可行的计划。

④努力为儿童创设良好的物质环境和精神环境，科学合理地安排、组织儿童的游戏活动，提供适宜的玩具和操作材料，促进儿童在活动中快乐成长。

⑤观察、分析儿童的发展情况，做好观察记录与发展水平评价。做好与家长的沟通、联系工作，通过多种形式争取家长的理解、支持和主动参与。

（4）奖励与惩罚制度

奖励是一种激励手段，是激发荣誉感和进取心的措施，是调动人的积极性，最大程度地挖掘潜在能力的管理方法。惩罚是一种监控手段，是约束人的行为的措施。奖励与惩罚制度包括实施奖惩的原则、条件、种类、方式、程序、手续等。

案例

某早期教育指导机构的奖励与惩罚制度

奖励制度：

①对于工作认真、成绩突出的骨干教师，机构将优先保送其参加进修学习等培训。所产生的费用由本机构分期给予报销。在班上人员缺勤的情况下，若能够

保质、保量地完成各项工作，连续5天以上者（含5天）给予适当奖励。

②认真、较好地完成每天的教学任务，无重大失误及全勤者可获得400元奖励。在每月考核中，成绩突出者可获得100～500元奖励。

③在学前教育类等刊物上发表专业论文者，可获得与稿酬同等的奖励。

惩罚制度：

①若教职员工在本职工作中因擅自离岗、责任心差、违反操作规程等导致重大事故（如儿童重大创伤等）发生，自己及时发现的，扣发当月奖金；经家长或别人发现并举报的，视情节严重程度扣1～3个月的奖金。

②在工作期间，若幼儿发生骨折、烫伤等较为严重的事故，主班教师免当月全奖，配班教师减当月奖金的1/2。若发生重大事故而隐瞒不报，知情教师免当月全奖。情节严重者扣发当月工资和全部奖金，或立即辞退，并按有关规定追究当事人责任。

③教职员工迟到、早退不超过30分钟，每次扣10元奖金；超过3次，扣发当月奖金。教职员工的事假须经主管批准。每请一天事假，扣一天的标准工资；请事假累计10天以上（含10天），扣发当月奖金。全年请病假累积30天以上，交部门讨论处理。

④各岗位教职员工中，凡违背机构各项规章及岗位职责者，按以上制度执行，情节严重者追究其行政责任或法律责任。

（5）职能性制度

职能性制度指的是一个机构按照其职能制定的制度。比如，早期教育指导中心或幼儿园中的早期教育基地，依据其主要工作职能，把各项规章制度划分成四个方面：社区服务制度、早教中心（基地）管理制度、卫生保健制度和队伍建设制度。（表3–1）

表 3-1 早期教育基地的基本制度

分类	制度
社区服务制度	社区联系制度，社区活动站开放制度，社区适龄儿童登记制度，社区咨询制度，社区入户调查指导制度，电话咨询制度，网络管理制度，社区早教教师制度
早教中心（基地）管理制度	早教中心教师岗位职责制度，早教中心教师常规工作制度，早教中心家长行为规范，早教中心安全制度，早教中心家长报名制度
卫生保健制度	幼儿、家长健康体检制度，晨检制度，传染病预防制度，物品使用制度，早教班幼儿请假制度，早教班幼儿用餐制度
队伍建设制度	教师培养制度，教研制度，教师学习制度，教师考核制度

2. 经营类早期教育指导机构的制度类型

与政府类早期教育指导机构相比，经营类早期教育指导机构人员相对不稳定，市场生存压力较大。稳定员工团队、扩展市场规模、提高家长满意度、改进服务质量是经营类早期教育指导机构的工作重点。因此，经营类早期教育指导机构的制度更多倾向于以下几方面的内容。

（1）人力资源制度

包括面试与录用制度、薪酬制度、培训与晋升制度、请休假制度、奖励与惩罚制度等。

（2）内部管理制度

包括各岗位人员分工与职责（管理人员、教师、服务保障人员），员工手册（包括员工工作守则、员工出勤制度）等。

（3）财务与资产制度

包括财务制度、会计制度、资产管理制度、安全制度等。

（4）客户管理制度

包括家长沟通制度、家长评价和反馈制度等。

（5）服务内容类制度

包括报名退课制度、课程研发制度等。

经营类早期教育指导机构的制度呈现出以下特点。首先，制度要为效益服务。制度必须有利于机构的生存与发展，因此，经营类机构会更加关注客户管理、服务内容等方面的制度的制定与执行。关注客户管理和服务内容的制度的执行会对机构的发展起到积极的影响作用。其次，内部管理制度呈现出多样性。由于经营类早期教育指导机构的教育理念、运营模式呈现出多样性，机构的内部管理制度也会因机构理念、目标的不同而呈现出多样性。

拓展阅读

某经营类早教中心人事制度

第一部分：面试与录用制度。

第一，店长（园长）。

加盟店店长（园长）由加盟店主直接招募。经过加盟店主的面试后，应聘人员还需要经过早教中心总部的面试，以确保店长（园长）经营管理能力突出，可以胜任，同时确保加盟店经营的成功与总店品牌经营的成功。经早教中心总部面试合格后，应聘人员方可由加盟店主聘任。

直营店店长（园长）由早教中心总部直接面试与聘任。

第二，教师与财务后勤人员。

加盟店教师、财务人员、后勤人员由加盟店主直接面试与聘任；直营店教师与后勤人员由直营店店长（园长）直接面试与聘任，财务人员由早教中心总部直接面试与聘任。

第二部分：合同签订。

加盟店招聘的员工，由加盟店主直接聘任并签订合同，加盟店主与受聘员工为合同责任双方；直营店招聘的员工，由早教中心总部直接聘任，公司与受聘员工为合同责任双方。

拓展阅读

经营类早教中心在确定面试人员后，会发送面试通知单，请面试人员填写应聘信息表。在面试过程中，采用面试评估表等工具性表格进行打分，最终向录取人员发录用通知单。这些工具化表格是制度的一部分，能够起到规范招聘流程的作用。

若你想进一步了解人事招聘中可以用到的工具性表格，请扫描二维码。

（二）制度建设的基本原则

各类型早期教育指导机构在设计和制定本机构的各项规章制度的时候，应注意遵循以下基本原则。

1. 政策性原则

制定各项规章制度时，必须将党的路线、方针、政策和国家的各项法律法规作为基本依据，如《中华人民共和国劳动合同法》《中华人民共和国教师法》《中华人民共和国教育法》《中华人民共和国未成年人保护法》《中华人民共和国会计法》《中华人民共和国消防法》等；同时，要贯彻党的教育方针，符合有关部门颁布的有关法规条例的规定。

2. 可行性原则

规章制度指导和约束着机构内全体成员在机构中的工作、学习行为，是需要大家共同遵守的行为准则。因此，规章制度的内容必须可行，要符合社会现实与客观规律，关注成员需求，以人为本。此外，因早期教育指导机构的类型不同，同样的制度不一定适合所有的早期教育指导机构。要结合本机构实际发展情况、师资水平、服务内容等制定适宜的制度。例如，制定教研制度时，教研的次数、频率和相关的主题设置等，要基于机构内现有教师的需求和教研水平确定。若教研次数过多或者过少，不仅达不到相应的效果，而且可能起到负面作用。

3. 民主性原则

在制度形成的过程中，要想制度的内容更加完善，贴合本机构的实际，更具有可行性，唤起执行的自觉性，就需要广大教职员工积极参与。制度的形成可以参照民主集中制的原则，采取自上而下和自下而上相结合的方式。自上而下，是指管理者在精心研究的基础上，制定出制度的草案，供不同层次的人员讨论。例如，召开部门负责人会议、各岗位代表会议、全体教职员工会议等。管理者提前以纸质文件或电子文件的形式发送给大家，请大家积极思考，提出修改意见和建议；之后，通过对意见的收集与整理，再次完善制度的草案，最终形成凝聚全体共识的制度文件。自下而上，是指在制度执行的过程中要征求教职员工的意见，将制度执行过程中发现的问题进行收集与整理，最终形成修改意见。

4. 稳定性原则

制度应在一定时间内保持相对的稳定性，便于全体教职员工在执行的过程中，通过长时间的对行为规范的自觉遵守，自然而然地营造良好的机构文化氛围，从而促进机构健康、科学、可持续发展，如教职工职业道德规范、员工守则等。随着形势的变化和认识的深化，结合家长、幼儿的实际需求，有些制度也会不断得到调整和完善，如招生制度、收费制度等。

（三）贯彻落实制度的基本要点

制度建设的落脚点在于制度的贯彻落实。为了更好地贯彻落实机构制度，提高制度的执行力，达到预期效果，需要注意以下几点。

1. 实施前做好宣传工作

制度的实施会对职工的工作行为产生一定的影响。鉴于制度具有强制性，职工需要调整自己不符合制度要求的工作状态。当职工的心理需求与制度要求不符合时，职工有可能出现逆反心理，无意识甚至有意识地抵制制度的实施，使实施效果大打折扣。因此，要做好实施前的宣传工作，使制度广为人知、深入人心。

宣传的目的是使职工了解规章制度的意义，知道制度的具体内容，从而自觉调整和规避自身不符合规章制度的行为。

2. 加强监督检查

管理制度的实施要做到“有法必依”，也就是说，必须按照制度的要求开展工作。实施制度时，管理者要加强指导和检查，严格要求制度的执行，做到凡事讲制度、工作有章可循。龙头蛇尾、前紧后松的管理方式会影响制度的执行。可以采取阶段性自查、分小组互查等方式加强职工的自我监督，也可采取每月例行检查、制度检查与反馈常态化等方式将督查制度化。

3. 制度面前人人平等

“其身正，不令而行；其身不正，虽令不从。”管理者应该做出表率，以身作则，身体力行。只有管理者自己做到了遵守制度，下属才有可能心甘情愿地遵守制度。在制度面前人人平等，不能“因人而异”。

4. 奖励与惩罚相结合

制度的实施需要奖励和惩罚与之相伴。遵守制度者应得到及时的表扬、奖励，这有利于调动职工遵守制度的积极性。惩罚也是提高制度执行力的重要手段。如果制度实施的过程中缺乏严格的奖惩机制，或处罚失之于软、失之于宽，那么制度势必会流于形式。因此，制度的实施过程中要做到奖惩结合、违“法”必究，真正体现制度的约束力和强制性。

二、早期教育指导机构的队伍建设

在早期教育指导机构中，人是“生产力”，是“第一资源”。教职员工的队伍建设是早期教育指导机构生存和发展的命脉。党的二十大报告明确指出：“加强师德师风建设，培养高素质教师队伍，弘扬尊师重教社会风尚。”教师队伍素质的高低关系到早期教育事业的成败。

（一）队伍建设的核心要素

在队伍建设中，教职员工的素质、积极性和专业化发展是重要的三个要素。聘任具备任职资格、合乎岗位职责要求、高素质的教职员工是团队建设的根本，调动教职员工的积极性是团队建设的核心，促进教职员工专业化发展是团队建设的目标。

1. 教职员工的任职资格、岗位职责和必备素质

2012 年，教育部印发的《幼儿园教师专业标准（试行）》对幼儿教育工作者提出了基本的职业要求，并对幼儿园教师的行为进行了规范。而对早期教育指导机构的从业者，一直缺乏具体、规范的标准。2003 年，劳动和社会保障部正式颁布了《育婴员国家职业标准》，首次将从事 0～3 岁婴儿的护理和教育作为一种社会职业来认定。这标志着早期教育从业者职业标准逐步走向规范。2005 年，上海市卫生局、上海市教育委员会、上海市民政局联合发布的《上海市早期教养服务机构管理规定》中指出，“早期教养指导人员应具有高中以上的学历，有育婴师以上的职业资格或幼儿园教师的职业资格，对 2 岁以下儿童实施早期教养指导人员必须经过育婴师职业资格培训”。2019 年，《国务院办公厅关于促进 3 岁以下婴幼儿照护服务发展的指导意见》中指出，“高等院校和职业院校（含技工院校）要根据需求开设婴幼儿照护相关专业”“加快培养婴幼儿照护相关专业人才”，彰显出国家对早期教育师资培养的重视。

综上所述，对早期教育指导机构从业者的职业要求目前正在逐步规范中。职业标准可以参照现有的《育婴员国家职业标准》等，以及相关国家和地方政策。

在早期教育指导机构中，教职员工主要包括早期教育指导机构负责人、早教教师、卫生保健人员、后勤人员、财务人员及安保人员等。

（1）早期教育指导机构负责人

早期教育指导机构负责人主要负责机构的全面工作，其素养影响着机构的整体发展水平。2019 年，国家卫生健康委员会印发了《托育机构设置标准（试行）》和《托育机构管理规范（试行）》，其中提出，托育机构负责人负责全面工作，应当具有大专以上学历、有从事儿童保育教育、卫生健康等相关管理工作 3 年以上的经历，且经托育机构负责人岗位培训合格。《上海市民办早期教养服务机构管理规定》中规定，“民办早期教养服务机构负责人应具有大专毕业以上的学历，有幼儿园教师职业资格或育婴师以上职业资格”。《福州市 0—3 岁儿童早期教育机构设置基本条件（试行）》中规定，“机构负责人（或园长）、教养人员应具有师范院校学前教育专业毕业大专及其以上学历（含职业学校幼儿教育专业毕业，进修学前教育专业大专学历）并获得幼儿教师合格证书；同时经过 0—3 岁儿童教养专业培训，取得劳动部门颁发的育婴师资格证书”。

根据以上政策，早期教育指导机构负责人的职责包括对机构整体工作进行全面决策和指导、对机构内部的人事与财务方面进行管理和决策、对机构内部人员的绩效进行考核和奖惩。早期教育指导机构负责人应该具备大专以上学历，至少具备 3 年及以上相关行业从业经验，持有育婴师资格证书、教师资格证等相关资格证书。

（2）早教教师

早教教师是指在早期教育指导机构中，针对 0~3 岁婴幼儿及其家长开展教育和保育服务的人员。他们是机构中的主要专业力量，需要经过严格的培养和培训，掌握 0~3 岁婴幼儿身心发展规律，具备先进的教育理念，掌握一定的心理学知识和教养技能及方法。（图 3-1）

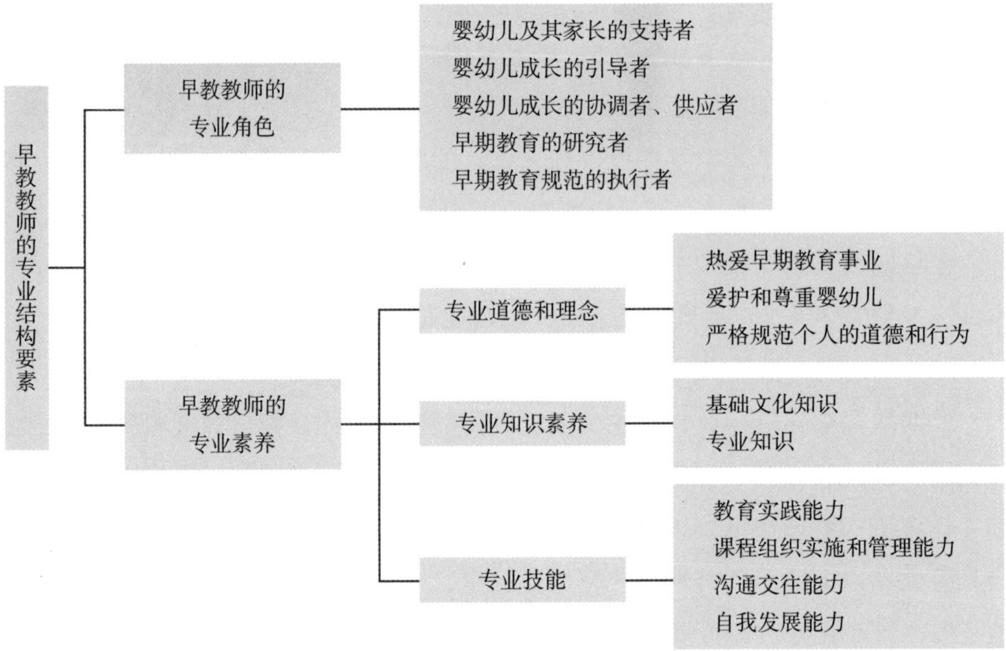

图 3-1　早教教师的专业结构要素①

① 王立科、孙忠福：《婴幼儿早期教育概论》，117~118 页，北京，中央广播电视大学出版社，2014。

一般来说，早教教师需要具备教育学、心理学等相关专业背景，大专以上学历，并持有教师资格证或育婴师资格证书。

（3）卫生保健人员

早期教育指导机构还需要专业的卫生保健人员，能够对 0~3 岁儿童及其家长进行日常保健指导和服务，开展对家长的卫生、营养与养护的指导工作。

一般来说，卫生保健人员应该持有医师执业证书或护士执业证书，儿童保健或营养专业专科及以上学历，有 3 岁以下儿童卫生保健服务或儿童临床护理服务经验，具备儿童卫生免疫、预防接种、营养配量、日常护理、意外伤害处理与预防等业务能力。

（4）后勤人员、财务人员及安保人员

对于一个独立运营的早期教育指导机构来说，后勤人员、财务人员和安保人员在保障早期教育指导机构良好运转的过程中发挥着重要作用。

后勤人员要负责早期教育指导机构的维修管理、所需全部物资的采购与出入库登记，做好日常保障。后勤人员只有熟悉和了解 0~3 岁儿童及其家长的需求，了解早期教育的基本规律和原则，才能在后勤保障方面提供贴近儿童及家长需求的服务。

财务人员要在遵守和执行国家财务政策的同时，协助机构负责人做好预算计划，负责早期教育指导机构中的财务管理工作，包括收入与成本核算，工资发放和学费缴纳，日常各项财务报表制作，记账、算账与报账工作等。财务人员必须具备大专以上学历，有较强的与财务相关的业务知识和能力，熟悉国家政策和财务制度。

安保人员要负责早期教育指导机构的日常安全保障。对于面向 0~3 岁儿童及其家长的早期教育指导机构来说，安全保障非常重要。安保人员需要具备较强的法律和治安保卫知识，熟悉并掌握安保工作器械的性能、使用与保养，熟练使用各种消防设施和器材。

2. 调动教职员工积极性的方法

人是管理的核心。如何充分调动教职员工的积极性，促进教职员工个人发展，实现自我价值最大化，是团队建设的核心问题。

（1）民主与科学管理

“以人为本”是现代管理思想，在实践中，就是使教职员工真正成为早期教育指导机构的“主人”。这需要以组织和制度为保障。首先，要建立有利于教职员工参与监督的管理制度。比如，定期召开教职工代表大会，成立职工工会，为教职员工参与管理创造条件。其次，要将各项工作公开，增加工作的透明度，使全体教职员工了解、关心、参与、监督机构内部各项工作，鼓励他们提出合理化建议。最后，要实行科学管理，根据教职员工能力、分工的不同，构建合理的队伍结构，形成管理型人才和专业型人才相结合的人才队伍，形成具有教育、心理、外语、艺术等多种专业背景的专业队伍，形成男性教师和女性教师性别结构相对合理的队伍。实行岗位责任制，建立公平竞争、制度严明、奖惩结合的约束和管理机制。

（2）组织文化建设

组织文化是指一个组织内部形成的独特的价值观、共同的思想作风和行为准则。早期教育指导机构可以通过常态化的思想政治工作、师德师风建设、教师团队建设、职工心理关爱等多种形式，形成有利于员工团结奋进、和谐相处、踏实进取、开拓创新的组织文化，从而凝聚员工集体意识，激发他们的社会责任感，帮助他们形成远大的理想信念和共同的职业愿景。

（3）精神需求和物质需求的满足

调动教职员工的积极性，还要从满足他们精神和物质方面的需求出发。早期教育指导机构的服务对象为0～3岁儿童及其家长。教职员工中，年轻的女性教师居多，“80后”“90后”甚至“00后”所占比例较大。面对这样的群体，管理者要充分考虑他们的精神需求，使他们被尊重、被认可，获得职业方面的满足，在团队中获得归属感。此外，还要关注教职员工的物质需求，尤其要关注他们在食宿、工资等方面的待遇需求。尽可能提供保险、福利等方面的物质保障，使他们的生活无后顾之忧。

3. 促进教师专业化发展的因素和途径

（1）促进教师专业化发展的因素

来自早期教育指导机构的促进因素和来自教职员工自身的促进因素是促进教师专业化发展的两大因素。[①]来自早期教育指导机构的促进因素包含机构培训、团队合作力、家长讲座带来的推动力三个方面。其中，机构培训、团队合作力是促进教师专业化发展的重要因素。来自教职员工自身的促进因素包含自我提升、自我反思两个方面。早教教师的自我反思能力是促进其专业化发展的关键因素。教师需要加强自我反思能力，通过对教学目标、教学策略、教育行为的有效性的深层次反思，实现教育效果的最优化。

（2）促进教师专业化发展的途径

首先，早期教育指导机构要建立教师培训、教研制度，将教师专业化发展工作常态化。其次，可以开展多种形式的教师培训活动，包括专题讲座、观摩研讨、参与式培训、教研活动等。专题讲座是请专家或者骨干教师就教育实践中的热点、难点问题举办讲座；观摩研讨是教师通过观摩课程，研摩课程中遇到的问题，促进教师专业化发展；参与式培训与传统的自上而下的培训不同，主要通过角色扮演、小组讨论、轮流分享、观点辩论等多样的形式使教师成为培训的主要组织者、参与者和推动者；教研活动是通过固定频次的教学研讨，解决教育实践中遇到的真问题。最后，实施教师培养计划。根据教师的情况和水平，形成“骨干教师—熟练教师—年轻教师”的教师梯队，实施教师分层培养计划。积极倡导团队合作，通过老带新、一对一帮扶等形式，相互切磋、取长补短，充分发挥骨干教师的引领作用。

---

① 陈芝蓉、吕岚、雷湘竹:《关于早教教师专业化发展的研究》，载《广西教育学院学报》，2012（4）。

拓展阅读

关于早教教师专业化发展的探索

随着社会的快速发展，人们越来越关注早教教师的专业化发展。由于婴幼儿的特殊性，社会对早教教师的专业化发展提出了更好的要求。什么是早教教师专业化？影响早教教师专业化发展的因素有哪些？有效促进早教教师专业化发展的方法又有哪些？

感兴趣的读者可扫描二维码浏览关于早教教师专业化发展的探索的内容。

（二）不同类型早期教育指导机构的队伍建设

这里，我们仅对政府类、经营类早期教育指导机构的队伍建设进行讨论。

1. 政府类早期教育指导机构的队伍建设

政府类早期教育指导机构，包括幼儿园下属的早期教育机构，政府及公益组织合作设立的公益项目基地，专业性的市、区、县级早期教育指导服务中心。因其公益性，政府类早期教育指导机构在队伍建设方面，更加重视教职员工的职业道德素养、专业能力和支持与服务家庭的实践水平。

政府类早期教育指导机构担负着对家庭和社区进行早期教育指导的责任，这对教师提出了更高的要求。然而，一些新入职的教师没有经过早期教育的系统培训，缺乏丰富的对0～3岁婴幼儿生理、心理特点及教育方法的研究与实践经验。即便是有经验的教师，在对家庭和社区0～3岁婴幼儿的家长进行育儿方法和策略指导的过程中，也需要不断丰富相关知识，提高自身的能力。因此，有针对性地开展岗前培训、岗中培训，并在培训结束后进行测评与调整，最终建设一支数量多、层次高、能力强、后劲足的专（兼）职早教工作人员队伍（由家长、保健人员、教师、社区管理人员等组成），对提高0～3岁婴幼儿早期教育质量，推动早期教育指导机构的健康、可持续发展具有十分重要的意义。

（1）培养目标

①知识目标。

掌握 0～3 岁婴幼儿的生理、心理发育特点，0～3 岁婴幼儿的喂养、护理方法，面向 0～3 岁婴幼儿的家庭教育指导策略；掌握对不同层次看护者的教育指导策略；掌握早教班玩教具配备、应用及指导策略。

②能力目标。

第一，设计活动能力。

以《北京市 0—3 岁儿童教养大纲（试用）》等相关文件为指导，结合社区内不同家庭的教育需求以及婴幼儿生长发育特点与规律，设计并组织促进婴幼儿全面发展的早期教育活动。

第二，观察反思能力。

通过观察婴幼儿的需求及看护人员在活动中表现出的教养问题，有针对性地选择教育内容，采用适宜的指导策略和组织形式；能反思投放的材料及在教育过程中对家长的具体指导策略等是否适宜，并努力设法解决这些问题。

第三，组织协调能力。

能设计并组织实施早教班教育活动及面向社区的各类公益性宣传与指导活动。

第四，档案资料的收集整理能力。

及时收集并整理活动过程中相关的档案资料，包括婴幼儿及其家庭的基本信息、体检材料、活动方案、活动纪实、活动流程、家长反馈等，为进一步开展早期教育研究与实践活动提供可追踪的素材。

第五，沟通指导能力。

能运用专业知识与不同教养类型的家长进行沟通，把科学的育儿理念与方法有效地传播到家庭教育中；善于针对不同看护人员（父母、祖辈、保姆等）的特点进行分层指导，提出专业化的指导策略。

（2）培养措施

①岗前培训。

岗前培训的目标：掌握所从事岗位的基本知识，具备基本技能，了解岗位职责和工作流程，了解教师师德，了解家长沟通等方面的重要事项，了解机构的教育理念、服务宗旨和内容。

岗前培训的措施：参加权威机构组织的上岗培训，参加本机构组织的内部培训，取得相关证书，具备从事早期教育的入职资格。

②岗中培训。

岗中培训包括初期培训和后续培训。

初期培训的目标：逐步掌握岗位技能，树立高尚的师德，逐步具备先进的教育观和儿童观，逐步掌握与家长沟通的技巧。

初期培训的措施：第一步，骨干教师引领的“示范课”。骨干教师通过现场示范或传播教学录像的形式，将早期教育课程的组织模式，包括组织的语言、语态、语速和游戏中每个环节的设计目标，以及针对家长使用的指导语等，进行逐步演示和展现，手把手地给新任教师提供直观的学习机会。第二步，新任教师尝试的“模仿课”。新任教师参考骨干教师呈现的示范课，对各环节的设计以及语速、语态、指导语等进行完整的模仿。通过多次尝试，逐步熟悉活动环节、指导语等。第三步，小组教研的“观摩课”。对新任教师组织的早期教育活动进行全程录像，并组织早期教育小组进行教研，对录像中的各个环节进行逐一分析，对发现的问题进行剖析、研讨，并提出建设性的意见。录像是早教教师针对早期教育活动组织中发现的问题进行自我反思，并提高专业能力的有效途径。第四步，新任教师的“对比课”。新任教师和骨干教师分别设计、组织和开展相同的早期教育活动，并进行平行对比与分析。通过对比与分析，新任教师可以了解自身活动组织中存在的不足和改进的方向，并逐步胜任早期教育工作。

后续培训的目标：不断提升教师的综合素养、师德师风水平、专业能力，促进其专业化成长。

后续培训的措施：组织教师参加全国性或国际性的会议与培训；组织教师参与和其他机构共同开展的互动小组活动，如观摩、交流、研讨活动；组织教师外出参加培训班、讲座等学习活动；邀请专家来园指导、举办讲座等。

早教教师队伍的水平直接关系着机构发展的质量和发展的潜力。因此，早期教育指导机构的管理者要明确师资队伍培养的长远目标，寻找有效措施，为机构队伍建设的可持续性发展打下坚实的基础。

③测评与调整。

测评与调整的目标：在培训结束后，通过测评检验培训效果并做出调整，不断优化培训内容、方法与形式。

测评与调整的措施：组织教师对培训内容、方法与形式进行评分，收集建设性意见；就培训内容对教师开展测评，了解教师培训前后的变化，了解培训效果。

早期教育指导机构的管理者需要关注培训的测评与调整环节，形成培训闭环，确保培训的质量与效果。

2. 经营类早期教育指导机构的队伍建设

经营类早期教育指导机构，尤其是能够在市场上生存、发展较好、连锁经营的机构，都重视队伍建设，会在员工培训上下功夫。经营类早期教育指导机构更重视员工的客户营销能力、家长沟通能力、课程改革和创新能力等方面的培养，重视营造企业文化，增强团队稳定性和凝聚力，形成了包括职前培训、在职培训、自我教育、培训效果控制等内容的培训体系。

（1）职前培训

职前培训主要指新员工加入机构前的培训，包括新店营业前的员工培训。经过职前培训并合格后，新员工方可上岗。

职前培训的内容主要包括两大部分，第一部分是基础教育培训，第二部分是专业培训。基础教育培训主要包括对行业概况、企业文化、经营理念、规章制度与基本服务规范等方面的介绍。专业培训主要包括店务管理、教务管理、市场营销、商品管理、售后服务、财务管理等针对各种职位的专业培训。

（2）在职培训

连锁经营的机构通常会有专门的培训中心。培训中心为分店提供持续的培训服务，以提高分店经营者的从业水平，并推广其服务。

培训类型主要包括指令性培训与选择性培训两种。指令性培训主要指机构下属的分店经营者必须参加的培训，包括改进或新增服务与商品的推广前培训、专业性必备技能的培训、政策性规范的培训，以及分店管理者的定期交流学习等。选择性培训主要指由总部培训中心提供培训科目，分店经营者根据各自需要进行选择的培训，包括专业技能培训、管理知识培训、团队建设培训、参观学习活动、专家讲座等。培训方式与地点由总部培训中心安排。各分店根据自己的经营状况进行选择，也可以向总部培训中心提出自己的培训需求，以获得专项的培训。

（3）自我教育

发展较好的经营类早期教育指导机构注重打造学习型组织。各分店不仅接受由总部培训中心提供的持续的培训，而且分店本身也是一个基本的学习型组织。分店管理者要为全员创造学习的环境，在工作中不断总结经验，学习新知识，发展新能力。同时，每位员工也要具有自我学习的能力，在每个层面上，都需要有学习目标与学习行为。

作为分店管理者，店长（园长）要为员工建立学习机制，制定学习目标，把培养优秀的员工作为自己的重要工作目标。一方面，有组织地学习。除学习由总部培训中心提供的学习内容之外，更要立足于本店，从本店发展的需求出发安排学习。另一方面，自我学习。积极倡导与推广早教中心的学习文化，让员工们自发地学习，激发他们提升自我能力与素质的愿望，从而达到整体能力与素质的提升。

（4）培训效果控制

总部培训中心为分店及员工建立培训档案，记录每位员工接受培训的项目与内容，并对每次培训效果进行评估。该项工作不仅可以监控每个分店及其员工的培训进度，了解培训效果，而且方便为每个分店及其员工制订科学、可持续的培训计划，为其提供完善的培训服务。

通过该项工作，总部培训中心能有效地保障分店保持持续经营的能力，提升他们的经营管理水平。

本章小结

本章按照不同类型的早期教育指导机构的特点，对制度建设进行了分类。政府类与非政府组织类早期教育指导机构注重建设制度化的管理体系，机构内部的制度分为全体性的制度、部门性的制度、岗位职责制度、奖励与惩罚制度、职能性制度五大类型。经营类早期教育指导机构呈现出效率优先、制度多样化等特点。各类型早期教育指导机构在制定制度的时候，都要关注制度的政策性、可行性、民主性和稳定性，并在宣传、监督、实施、考核等方面形成闭环。在队伍建设中，教职员工的素质、积极性和专业化发展是重要的三个要素。政府类早期教育指导机构在队伍建设方面，更加重视教职员工的职业道德素养、专业能力和支持与服务家庭的实践水平。经营类早期教育指导机构则在员工培训上下功夫，形成了包括职前培训、在职培训、自我教育、培训效果控制等内容的培训体系。早期教育指导机构的从业者可以从不同类型机构的制度建设和队伍建设中获得启发和经验，创造性地用在机构的制度建设与队伍建设中。

小任务

1．作为早期教育指导机构的从业者，在机构制度形成的过程中，你将如何调动广大教职员工参与的积极性？

2．在某所新开办的早期教育指导机构中，多数教师比较年轻，工作经验不足，很多教师不能及时上交教学计划。请结合本章中制度建设的基本原则及贯彻落实制度的基本要点，制定出一份合理的备课制度。

3．在队伍建设的过程中，如何充分调动教职员工的积极性，促进教职员工个人发展，实现自我价值最大化？

常见问题解答

问题1　规章制度制定的民主程序如何？宣传的方法有哪些？

解答　规章制度的内容范围很广，其中很多直接涉及教职员工的切身利益，如劳动报酬、工作时间、休息休假、劳动安全卫生、保险福利、职工培训、劳动纪律等。制定规章制度时，可以参考履行以下民主程序流程。制定规章制度草案后，提交职工代表大会或组织全体教职员工讨论，提出方案和意见后，与工会或教职员工平等协商，确定最终文本。制度确定后，可采取劳动合同约定、入职登记告知、组织培训、会议宣传、组织考试、编写教职员工手册、公示栏公示等方式，将涉及教职员工的切身利益的规章制度进行宣传、公示或告知。（表 3-2）

表 3-2 各种宣传、公示或告知方式的优点

序号	宣传、公示或告知方式	优点
1	劳动合同约定，即在劳动合同中明确约定：员工在签订劳动合同的同时，已经阅读、学习、理解了相关规章制度，并愿意遵守用人单位的规章制度	明确告知新入职教职员工
2	入职登记告知	
3	组织培训。以部门、班组为单位或通过全体职工大会，讲解规章制度中的相关规定	节约印刷成本
4	会议宣传	
5	组织考试。可采用开卷或闭卷的形式，由教职员工亲自填写涉及规章制度全部重要内容的试卷	强化教职员工对重要规章制度的记忆
6	编写教职员工手册	便于教职员工随时查阅和学习
7	内部传阅相关文本	快捷，节约成本
8	通过电子邮件或内部网站等网络形式进行宣传	
9	通过宣传栏、公示栏进行公示	不必召集员工开会学习，节省印刷费用，且容易操作

问题2 评估早教教师时，评估指标都可以有哪些内容？

解答 早教教师作为专业人员，是早教活动的指导者。早教活动在面向对象、活动方案、活动组织形式等方面与幼儿园的活动有着明显的不同。在早教活动中，教师不仅要与婴幼儿交往，而且要能够同时面对婴幼儿及其家长开展活动。因此，早教教师具有独特的职业特点。

对早教教师的评估，可结合早教教师的职业特点和工作内容来进行。评估指标可以包括教师自身的儿童观与教育观、指导教育活动的能力、对幼儿发展进行教育评价的能力、教师与家庭的沟通能力等，具体可参考表 3-3。

表 3-3 各项评估指标的具体内容

教师自身的儿童观与教育观	指导教育活动的能力	对幼儿发展进行教育评价的能力	教师与家庭的沟通能力
1. 早教教师是家长的合作者 2. 早教教师是家长声音的聆听者、教育观念和行为的洞察者 3. 早教教师是家长良好家教经验和行为的学习者	1. 主动和家长交流，了解家长的需求 2. 具有较强的亲和力、教育机智和灵活性，使家长能够产生信服感	1. 具备丰富的婴幼儿心理发展和教育的知识 2. 具有对不同婴幼儿的表现做出判断的能力	1. 发挥专业优势，对家长的科学育儿提出建设性意见，提供育儿支持 2. 发现与开发家长教育资源 3. 了解家庭教育的特点，主动开展教育

问题3 如何做好早教教师的相关培训？

解答 教师培训是早期教育指导机构队伍建设中的必修课。如何做好早教教师的相关培训也是大家很困惑的问题。我们可以从以下几个方面进行思考。

首先，早期教育指导机构文化及相关管理制度的培训。通过培训，教师的教育目标在理念上与机构的目标达成一致，教师熟知早期教育指导机构的相关制度，便于更好地执行。

其次，知识技能的培训。例如，初步掌握有关 0～3 岁婴幼儿发展的特点、实施保育教育的基本要求、家庭教育的一般特点，并对开展社区早期教育的意义以及其他相关情况有所了解。

最后，立足岗位的教研。教师通过与家长的接触，了解家庭的教育需求。在组织开展活动的过程中，教师会遇到一些问题或困惑，有些可能是职前培训中没有涉及的。这时，就可以结合这些问题与困惑，定期开展教研活动，帮助教师反思自己的实践，反思教育内容和组织形式，反思活动设计对婴幼儿发展的适应性，以及对家长的启迪作用等。通过反思，教师可以了解早期教育活动的实施现状和质量水平，发现问题，明确下一步的目标，提出改进的措施，切实提高实际教育能力，为专业化发展提供支持。

第四章　早期教育指导机构的环境创设

通过学习本章，你将可以

1. 了解早期教育指导机构环境创设的内容及原则。
2. 了解面向婴幼儿的环境创设的内容和要点。
3. 了解面向照护者的环境创设的内容和要点。

对于婴幼儿而言，他们的学习来源于生活及与环境的互动。环境为婴幼儿提供了充分的感知与操作的材料。婴幼儿通过直接感知和体验环境，获得新的经验和发展。照护者通过共享机构内具有服务和支持功能的适宜环境获得启发，这为家庭育儿环境的创设奠定了基础。

什么是早期教育指导机构的环境创设？为什么要在早期教育指导机构进行环境创设？早期教育指导机构如何进行环境创设？这是我们在本章需要探讨的几个问题。

一、早期教育指导机构环境创设的内容

早期教育指导机构的环境创设对儿童的发展至关重要。儿童心理学家皮亚杰说过，儿童心理方面的成长，是儿童通过和外界进行交流，在生活环境的不断影响下获得的。除了服务儿童之外，环境创设还要兼顾照护者的需求，体现早期教育指导机构为家长提供养育指导的价值。因此，早期教育指导机构需要创设既有利于儿童生理与心理健康发展，又能为照护者提供良好的家庭教育指导的物质环境和精神环境。

（一）物质环境

早期教育指导机构的物质环境是指婴幼儿和照护者生活及游戏时需要的一切物质材料，主要包括场地的装修装饰、区角设置、玩具、教具等硬件设施。

物质环境的创设中要体现教育理念。比如，某园所秉持以儿童为本的理念，践行“爱的教育”，在装修装饰场地的过程中，就需要营造温馨舒适、充满“爱”的氛围，应多用暖色调的装饰材料。

在区角设置中，要考虑到所服务的婴幼儿的年龄特点及功用。比如，对于0～1岁的婴儿来说，生活区和游戏区不能隔得太远；游戏区不需要分区域，多考虑他们的身体发展需求，创设适合坐、爬、站的软地垫和适合扶的软包墙面等；投放摇铃、布制书籍、彩色图卡、钻筒等玩具；睡眠室需要的婴儿床、隔光的窗帘等都不可缺少。而对于大一点的幼儿来说，则可以适当分区，设置娃娃家、感统运动区、涂鸦区、益智区、绘本阅读区等不同区域，还要考虑创设有利于幼儿运动、探索自然的户外环境。

物质环境具有服务功能，创设时要考虑到婴幼儿的生活需求和照护者的需求。创设盥洗室、睡眠室、配餐室等区域时应充分考虑婴幼儿的特点。考虑到早期教育指导机构为照护者提供服务和支持的功能，应创设家长休息区、家长阅读区、母婴室等区域。早期教育指导机构中，还需要保健室、配餐室、资料室、办公室等其他带有服务性功能的区域。

拓展阅读

早教空间设计中的色彩运用研究

众多研究者发现，色彩对儿童心理、智力、审美能力的培养发挥着重要的作用。早期教育指导机构是儿童长期生活的地方。设计者不仅要在空间的色彩设计上加以重视，而且要从色彩与儿童的关系上进行研究分析，使空间、色彩与儿童三者相互协调，创造一个健康的、有趣的空间。详细介绍可扫描二维码浏览。

（二）精神环境

除物质环境外，在早期教育指导机构中营造适宜的精神环境同样重要。精神环境包括有利于婴幼儿主动学习和探索的环境，有利于婴幼儿心理健康发展的环境，有利于照护者成长的环境。

有利于婴幼儿主动探索和学习的环境，就是婴幼儿能够在教师的引导下，进行积极自主的探索和学习，如探索周围的环境、探索玩具、自由游戏、直接感知、实际操作、亲身体验。具体表现为，教师对婴幼儿的自主探索给予支持，给予充足的游戏时间，允许婴幼儿在安全的情况下独自游戏，在婴幼儿需要帮助的时候适当介入并给予支持，提出开放性的问题以激发婴幼儿的自主思考和探索等。

有利于婴幼儿心理健康发展的环境，就是婴幼儿在早期教育指导机构中能够得到平等、合理、有安全感的情感支持，杜绝童年期不良遭遇（如忽视、虐待、体罚或变相体罚等）对他们产生的不良影响。具体表现为，教师以温柔和积极正向的语言、充满爱的表情和动作与婴幼儿互动，关注到个别需要关爱的婴幼儿的特殊需求，对婴幼儿的生活、游戏、同伴互动给予支持和帮助等。

有利于照护者成长的环境，就是早期教育指导机构的从业者在面对照护者的时候，能够以平等、包容、引导、支持的方式为照护者提供帮助和服务。具体表现为，帮助照护者获得科学的育儿理念与知识，掌握实用的育儿技能，用平等、包容的心态对待不同文化背景、不同知识水平、不同年龄段、不同性格的照护者，用专业、理性、智慧的方式引导他们解决育儿问题，使照护者也获得成长。

二、早期教育指导机构环境创设的原则

早期教育指导机构应尽可能创设生活化的环境，营造一种轻松、方便、安全、家庭式的环境，使婴幼儿较快地喜欢、适应这个新“家”。因此，为婴幼儿创设的环境，应该是能够让婴幼儿喜爱的、愿意玩耍的地方，既能吸引婴幼儿的注意力，又能够保证其安全并渗透一定的教育价值。

（一）面向婴幼儿的物质环境创设

1. 安全性

早期教育指导机构面对的婴幼儿年龄尚小，无法独立照顾自己，需要成人更多的保护与呵护。因此，为婴幼儿创设的物质环境要符合安全卫生的要求，从环境设施的材料到玩具、教具，都要达到安全卫生的标准。例如，早期教育指导机构的地面、墙面应采用软包的方式（如图 4–1）；凡是婴幼儿能够触摸到的地方，应选用圆角、边缘光滑的器具（也可粘贴防撞护具，如图 4–2），在婴幼儿不慎摔倒、磕碰时起到缓冲、保护的作用，最大程度地避免意外的发生。

图 4–1　某机构地面与墙面软包

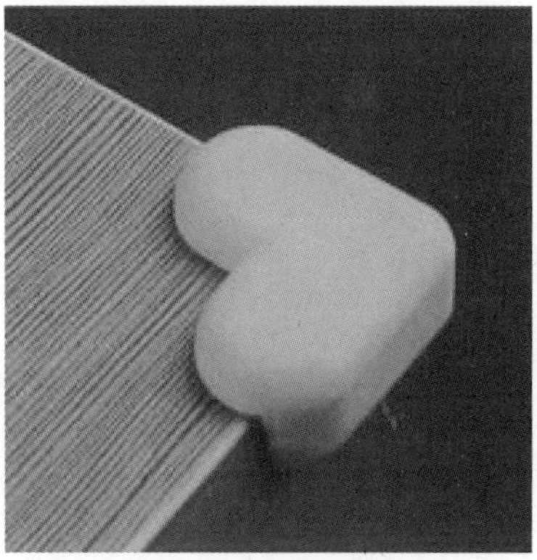

图 4–2　防撞桌角

2. 趣味性与适宜性

婴幼儿身心发展的阶段与水平决定了他们的活动特征。游戏是婴幼儿的天性，他们能在游戏中获得经验与成长。因此，早期教育指导机构为婴幼儿创设的物质环境应该满足童趣性的要求。例如，环境主题的设计应更加符合低龄婴幼儿的审美与偏好，充满童趣性的物质环境是早期教育指导机构应该为婴幼儿打造的。为婴幼儿创设安全温馨的活动空间，投放低、矮、彩色的斜顶，以便于他们根据自己的需要坐、躺、靠、趴等。尽量选择体积小、分量轻、高度低、颜色鲜、形状多样的“家具”。婴幼儿喜欢“娃娃家”（如图 4–3），也喜欢能够随时爬、躺和靠的区域（如图 4–4），这些区域发挥了使婴幼儿释放天性和充分放松的作用。

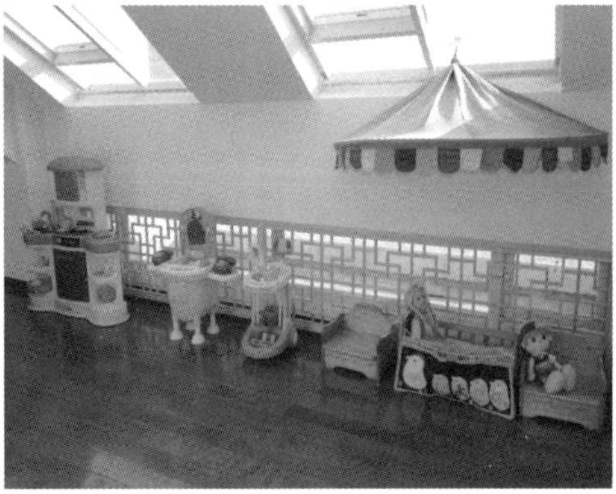

图 4-3　娃娃家

图 4-4　适合婴幼儿坐、卧的阅读区

3. 多样性与渗透性

早期教育指导机构应该注重物质材料的多样性，为婴幼儿提供丰富的互动材料及环境，帮助婴幼儿在与环境的互动中获得更加多样的感官刺激，激发婴幼儿的探究欲望，提高早期教育活动的参与性。多样性体现在实践中，主要是指创设多领域的生活和游戏空间。

（1）食育文化环境

处于食育文化环境中，婴幼儿可以通过简单的捏、按、抓、撒等动作，亲自参与到食物的制作过程中来，发展动手能力，激发想象力和创造力，增强自信心。也可以将中国优秀传统文化融入食育文化活动中。例如，通过制作传统小吃驴打滚，节日特色食物月饼、粽子等，使婴幼儿感受到中国优秀传统文化的魅力。在食物的制作、加工、品尝、分享等活动中，婴幼儿的生活经验得以扩展，手眼协调能力、耐力、语言表述能力、社会交往能力等也都得到了发展。食育文化区域可以分成操作台和分享区两部分。教师、家长和婴幼儿可以共同参与到食物的制作过程中来，通过婴幼儿和家长之间的分享，培养婴幼儿热爱粮食、学会分享的品质。（图 4-5、图 4-6）

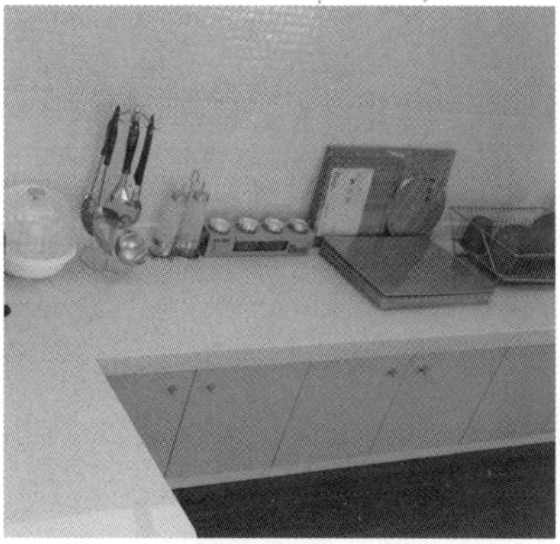

图 4–5　操作台

图 4–6　食物分享区的小朋友在吃蛋炒饭

（2）户外种植环境

创设户外种植环境，让婴幼儿在家长和教师的带领下体验播种、浇水、收获、品尝的过程。婴幼儿通过观察植物的生长变化，感知季节的变化和大自然的神奇力量；通过参与采摘，品尝到结出的果实，获得对大自然最初的感知，获得自信和成长。（图 4–7）

图 4–7　户外种植环境

（3）涂鸦环境

教师通过提供多种涂鸦材料，让婴幼儿大胆尝试涂鸦、点画、玩颜料等操作活动，满足婴幼儿的好奇心、想象力和创造力，发展婴幼儿的手部肌肉动作和手眼协调能力。这有助于他们自信心的建立，培养他们对美最初的感知。涂鸦环境中要有可供涂鸦的墙面、画板及桌面。（图 4–8、图 4–9）

图 4–8　涂鸦材料

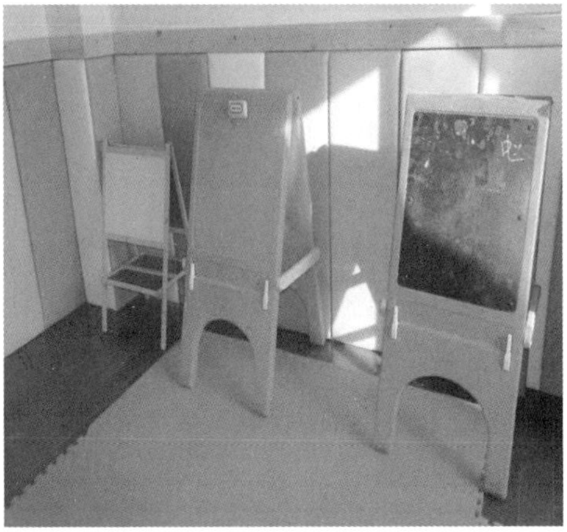

图 4–9　艺术教室涂鸦画板

（4）阅读环境

阅读活动能培养婴幼儿的口语表达能力，帮助婴幼儿积累书面语经验，促进思维能力的发展。此外，阅读活动给家长创造了与孩子沟通、分享读书乐趣的机会，有助于加深彼此间的感情，使婴幼儿体验到父爱、母爱的温暖，促进婴幼儿的身心健康。阅读环境中要有书架、坐垫、沙发或者座椅。（图 4–10）

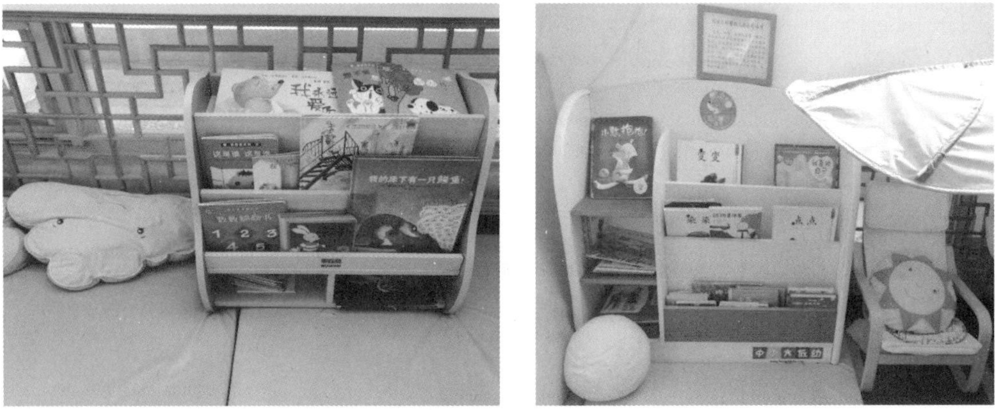

图 4–10　阅读区

（5）运动环境

根据婴幼儿喜欢跳、爬、钻、滑、攀、滚、摇的特点，可以创设室内运动或感统空间，通过立体、巧妙的科学组合，使运动环境具有游戏、运动、益智等多种功能。创设运动环境时，需要考虑提供满足0～3岁婴幼儿运动发展需要的玩具。例如，为促进婴幼儿前庭觉的发展，可以投放钻筒、旋转陀螺；为促进婴幼儿平衡能力的发展，可以投放平衡步道；为促进婴幼儿跳跃能力的发展，可以投放蹦床。（图4–11、图4–12）

图4–11　蹦床与旋转陀螺

图4–12　感统器材组合

（6）角色扮演环境

在角色扮演区，婴幼儿可以演绎自己熟悉的故事，也可以扮演自己喜欢的角色，获得丰富的生活体验。角色扮演环境还能帮助婴幼儿建立自信心，促进他们社会交往能力的发展。角色扮演环境中的布置和生活中的场景最为接近，可以投放小舞台、仿真厨房、仿真清洁工具、收银台等，让婴幼儿体验扮演不同角色的乐趣。（图4–13、图4–14）

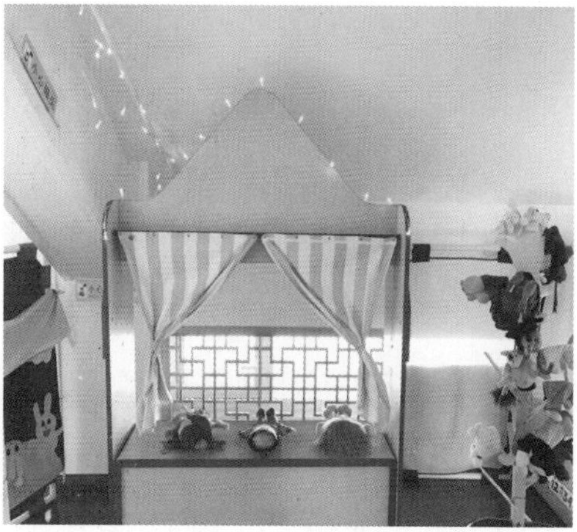

图4–13　小舞台

0～3岁婴幼儿活动的功能区角对婴

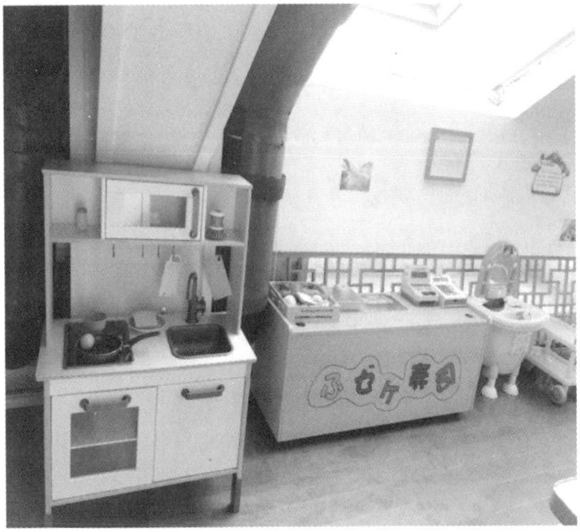

图 4-14　仿真厨房

幼儿发展的影响是综合性和交叉性的。比如，建构区与益智区可以促进认知、社会性的发展，娃娃家可以促进社会性、语言的发展，阅读区可以促进语言与认知的发展，感统区可以促进身体与社会性的发展，等等。功能区角既有相对独立的功能，又互相渗透和交叉，为促进婴幼儿发展起到交互影响的作用。

4. 开放性和变化性

婴幼儿所处的环境应该是全开放和立体式的，可以让他们毫无拘束、任意地选择丰富多样的玩具和其他活动材料，使不同年龄和不同发展水平的婴幼儿都能找到适合他们探索和游戏的空间。早教活动室内的环境应尽可能地体现有序的结构，且需要不断更替和变换来满足婴幼儿的发展需要。

第一，活动的空间可根据活动人数的多少扩大和缩小。

第二，活动的要求可根据婴幼儿个体的认知水平做相应的调整。

第三，活动材料的投放量也可根据不同婴幼儿发展的特点和活动方案的内容需要做适当的调整。由于 0～3 岁婴幼儿处在平行游戏或独立游戏阶段，因此，应适当控制同一个活动区域内玩具投放的种类和数量。通常情况下，一种玩具的数量应为 1～2 个。这样既可以避免冲突和混乱，又能暗示婴幼儿需要进行有目的的选择。

（二）面向照护者的物质环境创设

在早期教育指导机构中，活动的主要对象仍然是婴幼儿，照护者只起到协助婴幼儿活动的作用。但为照护者创设适宜的环境同样重要。照护者能够在早期教育指导机构中得到育儿服务、支持，进而促进婴幼儿发展。

1. 舒适性与便宜性

温馨舒适的环境常常能够帮助照护者在环境中处于放松的状态，更有利于他们和婴幼儿之间建立良好的亲子互动关系。例如，为照护者提供成人使用的家长座椅、沙发、母婴室、洗手池等，可以使照护者感到舒适、有归属感。（图 4–15、图 4–16）在教室或其他场地内活动时，所需材料应当放置在方便照护者及婴幼儿取用的地方，保证活动开展的连贯性。

图 4–15　阅读区家长座椅

图 4–16　母婴室

2. 可操作性与延伸性

为照护者提供的相关物质材料需要满足不同年龄段、不同育儿水平的照护者的需求，使他们便于操作，从而使专业的早期家庭教育理念和行为在家庭中得到延伸。例如，可以提供简单易懂、方便随时阅读的指导材料，专业性不要太强。投放多种层次的物质材料，给不同的照护者提供适宜他们学习、参考的内容与材料，符合他们各自的身份，满足他们不同的需求。提供家庭中常见的物品和生活材料作为亲子游戏中的操作性材料。可以专设一个生活材料区，选择纸球、海绵、矿泉水瓶等一些常见的生活材料，标明用途，使家长对生活材料的用法一目了然。（图 4–17、图 4–18）

图 4–17　常见的生活材料及其用途

图 4–18　家长阅读材料

3. 专业性与指导性

0~3 岁婴幼儿生活的主要场所是家庭。早期教育指导机构的环境中，要有家庭指导的因素。在接受完早期教育指导机构进行的相关的活动培训与指导后，照护者会将相应的内容迁移到家庭教育中。专业性强的物质环境为他们在活动后进行实践提供了质量保证，有利于发挥早期教育指导机构的指导、示范、引领作用。例如，在家长休息区的墙面上张贴海报，并定期更换，家长在休息的时候也可以了解育儿知识。（图 4–19）

图 4–19　家长休息区的海报

（三）面向婴幼儿和照护者的精神环境创设

1. 愉悦性

良好的环境氛围能够使身处其中的婴幼儿和照护者都感到轻松与愉悦。因此，早教教师与照护者之间的良好关系、早教教师与婴幼儿之间的良好关系、照护者与婴幼儿之间的良好关系，都能帮助营造轻松愉悦的环境氛围，让婴幼儿和照护者能够以积极的情绪态度进行活动。例如，早教教师与照护者交流和谐、愉悦，这种状态也能够让婴幼儿感觉到愉悦，并在愉悦的氛围中顺利进行活动。

2. 自主性

自主性是指让婴幼儿和照护者在一定的条件下自由、开放地进行自主活动；在尊重教育规律与确保其遵守早期教育指导机构的规则的前提下，不设置过多的要求与限制，最大程度地尊重婴幼儿，给他们充分的表达意愿、实践想法的机会，让婴幼儿在自主的探索与感知中发现世界、发现生活，获得成长的经验；让照护者自由地与婴幼儿互动，自由地进行家长之间、家长与教师之间的交流。

3. 平等性

要想让婴幼儿、照护者在早期教育指导机构中感受到舒适与自然，就要做到充分尊重婴幼儿、尊重照护者，创设平等的精神环境。早教教师与婴幼儿之间、早教教师与照护者之间应该是平等的关系，是互相尊重、互相理解的关系。早教教师要以婴幼儿和照护者的需求为中心，遇到问题共同商量解决，不因自己的专业身份而要求或指责对方，营造一个平等互惠的环境氛围。只有这样，照护者才能更自然、更直接地提出自己的疑问，使得早期教育指导机构成为照护者实施家庭教育的科学指导机构。

三、早期教育指导机构环境创设的实践案例

（一）环境与理念的结合

环境创设的过程中要体现教育理念，秉持以儿童为本，在整体上营造温馨舒适的氛围。例如，某园所的理念是“爱的教育，全面发展”，环境中也需要洋溢着“爱”的感觉。根据家长的需求与婴幼儿发展的特点，布置面向家长的休息区、母婴室以及供集体游戏的亲子活动室。（图 4–20）此外，基于儿童早期综合发展的理念，环境中需要融入儿童权利与保护、安全防护、卫生保健知识、对家长的指导等内容，力求以儿童为中心，覆盖儿童发展的各个领域。比如，可以在家长休息

区张贴海报，宣传相关内容。

图 4–20　家长休息区的座椅

（二）环境促进婴幼儿发展

如果说家长是婴幼儿的第一任教师，那么，环境可以称得上是婴幼儿的第二任教师。在环境中，以儿童为本体现为儿童视角、儿童参与。每一个区域的设置都应该支持婴幼儿在某些领域的发展与探索，体现出明确的目标。玩具与材料要适宜婴幼儿动手参与，使婴幼儿在与环境的互动中建构经验、获得发展。

1. 运动区

运动区墙面上方的文字说明可以向家长传递运动对于婴幼儿早期发展的重要性和介绍运动区内玩教具的玩法。（图 4–21）运动区内的玩教具通过科学的设计、特制的材料、游戏与运动相结合的形式给婴幼儿提供大量的感觉刺激（如内耳前庭、本体感觉和皮肤触觉等的刺激），帮助他们开发中枢神经系统，促进大脑神经系统的成熟，最终目标是促进他们的注意力、平衡能力、身体的协调性等各方面的发展。（图 4–22）

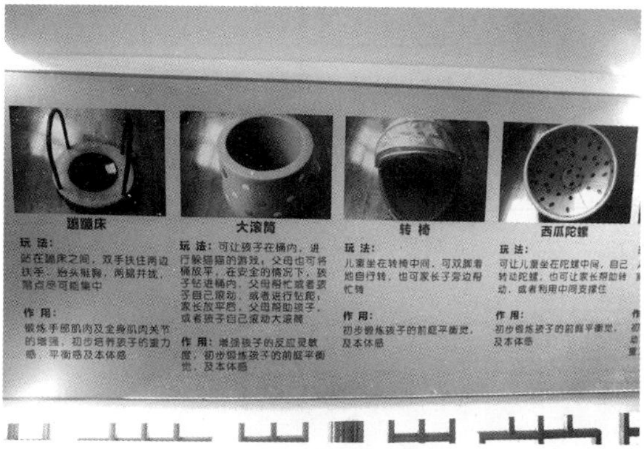

图 4-21 运动区墙面上的文字说明

图 4-22 运动区内的玩教具

2. 厨艺活动区

厨艺活动通过让婴幼儿真正参与其中，发展婴幼儿的动手能力；通过制作、品尝、分享，了解食物的制作过程，体会劳动的价值，从而培养婴幼儿珍惜粮食、关爱家人的美好品德；同时，这也是婴幼儿认识真实的厨房的很好的机会。在墙面下方参考婴幼儿的身高创设出“迷你厨房”，能够为婴幼儿真正动手参与、进行操作提供方便。（图 4-23）除了刀具和餐具外，其他的设备都是真实的厨房设备。真实的厨房设备有助于婴幼儿与居家生活环境中的厨房建立经验的连接。

图 4-23 儿童在“迷你厨房”玩耍

3. 阅读区

墙面上方用卡通形象与文字生动地表达了绘本阅读对婴幼儿早期发展的重要性，墙面下方则为婴幼儿准备了内容有趣、适合翻阅的布书。（图 4-24）优美、轻松、自然的阅读氛围能够将家长与婴幼儿带入充满快乐的阅读情景中。

图 4–24　阅读区的儿童布书

4. 建构区

在建构区，婴幼儿可以根据自己的喜好选择不同形状的积木进行搭建。在搭建的过程中，他们可以认识和感知长方形、正方形、圆形等各种形状。在建构区，他们既可以进行单独游戏，又可以进行平行游戏，还可以进行合作游戏，在合作的过程中发展社会交往能力和问题解决能力。还有的建构区内加入了镜子，婴幼儿可以通过镜子从不同的角度进行观察，从而不断调整搭建方式，发展观察力，激发想象力。（图 4–25、图 4–26）

图 4–25　建构区

图 4–26　建构区内的镜子

5. 蒙台梭利感官区

在蒙台梭利感官区，婴幼儿通过操作各种感官教具，如触摸板、味觉瓶、嗅觉瓶等，促进触觉、味觉、嗅觉等的发展。（图 4–27）

图 4–27　蒙台梭利感官区的部分教具

（三）环境支持家庭育儿

家长休息区内，可以张贴有关育儿理念和知识的海报。在功能区角，“家长悄悄话”和墙面上张贴的“区角作用”介绍可以将区角对婴幼儿发展的作用向照护者传递出来。给家长的“温馨提示”体现出了早期教育指导机构育儿的引导性和示范性。（图 4–28 至图 4–30）

图 4–28　区角的“家长悄悄话”

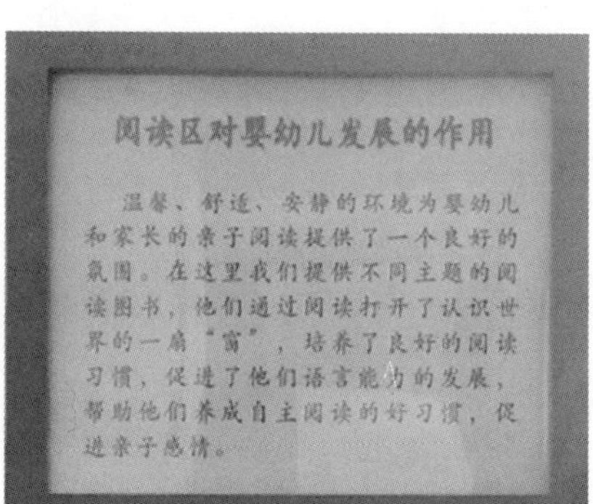

图 4–29　墙面上张贴的“区角作用”介绍

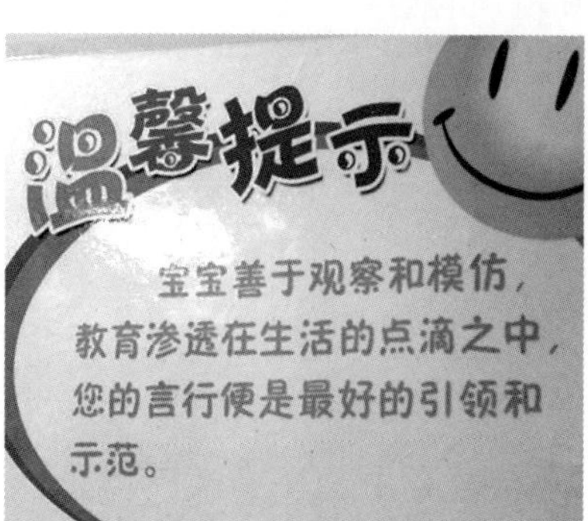

图 4–30　给家长的“温馨提示”

拓展阅读

婴幼儿保教机构环境的评估

婴幼儿保教机构需要具备安全、清洁的特点，室内外环境应分区合理、功能齐全，适合婴幼儿的发展，支持婴幼儿成长中的探索行为，兼具教育性和参与性。婴幼儿保教机构环境评估有规范的标准。了解评估标准，有利于创设适宜婴幼儿发展的环境。感兴趣的读者可扫描二维码浏览具体内容。

本章小结

环境对婴幼儿的发展起到了非常重要的作用，是隐形的课程。婴幼儿在与环境的互动中建构经验，获得发展。早期教育指导机构创设的环境应该以服务婴幼儿为主，同时考虑到对照护者的支持与服务。面向婴幼儿的物质环境创设要考虑安全性、趣味性与适宜性、多样性与渗透性、开放性与变化性；面向照护者的物质环境创设要把握舒适性与便宜性、可操作性与延伸性、专业性与指导性。精神环境包括有利于婴幼儿主动学习和探索的环境、有利于婴幼儿心理健康发展的环境、有利于照护者成长的环境。创设使婴幼儿和照护者都感到愉悦、自主、平等的精神环境同样重要。

小任务

1. 假设你是一名早期教育工作者，现在你所在的机构需要进行环境创设。请你结合本章学习的内容，制定出一份符合婴幼儿年龄特点的环境创设方案。

2. 现实生活中，许多家庭都想创设符合婴幼儿年龄特点的、温馨舒适的、有童趣的家庭环境。作为早期教育指导机构的教师，你会如何支持这些家庭？

3. 请你根据本章所学内容，对所在机构的环境进行评估，并根据评估结果进行适当调整。

常见问题解答

问题1　一名早期教育指导机构教师要想创设一个高质量的环境，需要考虑哪些因素？

解答　创设高质量的早期教育指导机构环境，要充分考虑环境对婴幼儿发展的意义和对照护者科学育儿的支持作用；要意识到环境不仅为婴幼儿发展而创设、为婴幼儿所用，而且要能有助于照护者科学育儿理念的获得和育儿技能的提高，为照护者所用。

要清楚环境的创设包括物质环境的创设和精神环境的创设。物质环境的创设和精神环境的创设都要考虑到婴幼儿及其照护者的特点和需求。面向婴幼儿的物质环境创设要充分考虑到这个年龄段婴幼儿的发展水平和心理特点。由于3岁以下婴幼儿缺乏自我保护的能力，因此，要把安全、卫生和健康放在婴幼儿物质环境创设的首位。要提供丰富多样的材料，满足他们在语言、身体动作、认知、精细动作、社会性、感官等方面的发展。要结合婴幼儿的生活将教育目标与要求渗透在环境创设的过程中，在生活中引导婴幼儿快乐自主地发展。面向照护者的物质环境创设一定要满足不同照护者的需求，结合父母、祖父母、保姆的不同特点，因人而异地创设环境。要为照护者提供可供休息的座椅、存放物品的柜子、可饮用的水、可读懂的早期教育书籍等。

要考虑如何为婴幼儿及其照护者营造温馨、舒适的精神环境。教师要营造宽松与平等的心理氛围。教师的语言要温柔，尽量避免对婴幼儿提出过多的要求。要积极回应婴幼儿及其照护者的需求，加强与婴幼儿及其照护者的沟通交流，营造平等、尊重、有爱的精神环境。

问题2 在早期教育指导机构中，如何为不同年龄段的婴幼儿提供适宜的玩具？

解答 要根据0～3岁婴幼儿的身体动作、语言、思维能力等方面的发展水平提供适宜的玩具。例如，0～3岁的婴幼儿主要通过视觉、嗅觉、味觉、听觉、触觉去感知和探索外部世界，尤其是0～1岁的婴儿。因此，机构中可以提供促进感知觉发展的玩具。例如，黑白卡、拨浪鼓、布书、镜子等。还可以经常对婴幼儿进行抚触，通过皮肤觉刺激，促进婴幼儿的触觉感知，刺激其大脑发育。

1～2岁，幼儿逐渐独立行走，手部控制能力和精细动作能力迅速发展。他们喜欢锻炼行走的推拉玩具、协助玩沙玩水的玩具、简单的拼图玩具，还喜欢敲敲打打、乱涂乱画。因此，可以提供涂鸦材料，如油画棒、水彩笔、大白纸、涂鸦板等材料。2～3岁，幼儿变得更有好奇心、更好动，对什么都感兴趣。他们仍然喜欢可以操作摆弄的物品。可以给他们提供难度稍大的拼插玩具、穿珠子玩具等。他们开始喜欢模仿大人的语言和动作，进行角色扮演。可以给他们准备一个“道具箱”，里面装有家务用具（小盘、小碗、塑料杯等），娃娃，模拟电话，服装，购物袋，小桶等物品；还可以提供可模仿医生、护士的扮演道具等。通过角色扮演，幼儿可以了解周围的人和事，促进思维、语言、社会性的发展。

此外，早期教育指导机构还应该注意，家长是婴幼儿最好的玩伴，比任何玩具都重要，对婴幼儿的情感发展起着重要的作用。因此，在环境创设中，教师要通过多种方式支持家长，使家长学会和婴幼儿进行亲子互动。例如，提供居家亲子游戏的图文材料或视频学习材料，在亲子游戏环节中设计适宜在家庭中开展的亲子活动。

问题3 家长希望在家庭中创设适合3岁以下婴幼儿的游戏空间。作为一名早期教育指导机构的教师，你将如何对家长进行指导？

解答 家庭是婴幼儿生活的主要环境，游戏是婴幼儿的基本活动方式。在家庭中为婴幼儿创设一个游戏角，能促进婴幼儿更好地发展。教师在对家长进行指导时，应该先学会倾听，再给予专业指导。首先，要倾听家长的需求。其次，要根据婴幼儿的年龄特点和发展水平提出空间布局和游戏材料方面的建议。最后，要充分考虑家庭的空间大小，根据家庭的空间结构因地制宜地进行指导。

例如，为1～2岁幼儿的家庭提供游戏空间创设的指导。首先，要向家长强调游戏空间的安全性。对尖锐的桌椅边角或者家具棱角进行软包，防止因幼儿走路不稳摔倒而发生磕碰等情况的出现，避免在幼儿够得到的地方放置剪刀、开水等。结合该年龄段幼儿开始行走的特点，游戏空间要开放、安全，尽可能地移开茶几、桌椅，留出宽敞的空间，便于幼儿扶墙行走或者玩拖拉玩具练习行走。可以在靠窗位置设置图书区角，摆放软垫、靠枕、布偶等，营造温馨舒适的阅读环境。在较为安静的区域，设置动手操作类的益智区角和美工区角，摆放镶嵌类玩具、积木、敲打类玩具、涂鸦材料等。如果可能，尽量选择一面墙壁贴上大白纸或者设置成涂鸦墙，方便幼儿随时涂鸦创作。区角的材料要方便儿童取放。

此外，游戏材料应尽可能生活化，贴近幼儿的实际生活。充分运用“生活即教育”的理念，利用家庭中随手可得的材料开展游戏活动。例如，将快递纸箱做成钻爬玩具，利用矿泉水瓶进行玩水游戏，将报纸变成报纸球玩踢球游戏，利用毛巾毯玩荡秋千游戏，等等。

第五章　早期教育指导机构的课程管理

通过学习本章，你将可以

1. 了解早期教育指导机构的课程设置原则。
2. 了解面向婴幼儿的课程设计和课程实施。
3. 了解面向照护者的指导内容和指导形式。

课程管理是指基于达成目标之需求，对课程组织、课程实施、课程评价等过程建立管理机制并发挥影响力，以达成预期目标的过程。对于 0～3 岁的婴幼儿来说，课程的表现形式为生活化的游戏和互动性的活动。游戏即课程，一日生活即课程，这是早期教育课程不同于其他课程的地方。

一、课程设置遵循的原则

早期教育指导机构的课程设置，是指为了促进 0～3 岁婴幼儿的全面发展，丰富家长的科学育儿知识，提升家长的科学育儿能力而设置的活动或游戏。课程内容的设置要严格遵循婴幼儿不同月龄段的发展规律和特点，并考虑内容的全面性和综合性。课程设置的过程中，需要遵循以下原则。

（一）全面关注原则

早期教育是终身教育的起点。0～3 岁婴幼儿的发展包括营养、睡眠、卫生保健、游戏与学习、心理关爱等多个方面。早期教育者应注重婴幼儿的身心全面发展，通过课程的设置与实施，促进婴幼儿在运动与健康、语言与交流、自我与他人、艺术与审美、感官体验与认知各方面的全面发展，为婴幼儿的终身教育奠定基础。课程既要包括促进婴幼儿精细动作、大肌肉动作等方面发展的内容，又要包括促进婴幼儿情绪情感、认知、社会性等方面发展的内容。需要特别注意的是，家长作为影响 0～3 岁婴幼儿发展的重要的人，其科学育儿知识的学习和科学育儿能力的提升是课程中的重要内容。因此，课程的设置既要考虑适合婴幼儿的发展，又要考虑满足家长的需求。

（二）适宜性原则

一是重视课程目标的适宜性。适宜的目标应该是既高于婴幼儿现有的发展水平，又是婴幼儿经过努力“跳一跳，够得着”的目标；既要考虑婴幼儿某个方面的发展，又要考虑到整体发展的需要。因此，课程目标的设置一定要符合婴幼儿发展的需要，对婴幼儿的发展具有实际的指导意义。

二是重视课程内容的适宜性。课程内容的设置切勿以知识传递为倾向。婴幼儿年龄小，课程内容的设置要贴合他们的真实生活，注重习惯培养和情感交流。婴幼儿是在日复一日的生活与游戏中学习和发展的。婴幼儿通过进餐、如厕、穿脱衣物、睡眠、盥洗等生活环节学习自我照顾的本领；通过自己探索和摆弄玩具，发展认知、精细动作、情绪与社会性等；通过玩照镜子、“藏猫猫”、娃娃家等游戏认知自我与他人；通过和成人、同伴的积极互动，与环境、材料的积极互动促进情绪情感的发展与情感交流。因此，课程的设计要贴近婴幼儿的真实生活，更加生活化。要善于利用生活环节，渗透教养理念，支持婴幼儿的发展。

（三）注重对照护者进行指导的原则

早期教育指导机构面向婴幼儿和照护者进行教育指导。设置课程时，要有目的、有计划、有组织地面向照护者设计课程内容，要考虑不同照护者的认知水平和接受能力，还要考虑指导的不同形式。比如，亲子活动中的指导、家长课堂上的指导，还有个性化的咨询指导，要考虑根据不同的指导形式设计适宜的指导内容。面向照护者设置课程时，既要满足多数照护者的需求，又要考虑对个别照护者的指导。通过科学合理的课程设置，指导他们与婴幼儿交流互动，传播教养婴幼儿的新观念，使他们能够真正学习到科学育儿的理念，体会科学育儿的意义和价值，提高科学育儿的水平。

二、面向婴幼儿的课程设计

根据0～3岁婴幼儿的年龄特点，课程以活动或游戏的形式开展。要注重对婴幼儿活动的设计与研究，使课程涵盖婴幼儿运动与健康、语言与交流、自我与他人、艺术与审美、感官体验与认知五大领域，确保婴幼儿全面、和谐发展。由于3岁以前的婴幼儿还不能独立参加活动，因此，活动是面向婴幼儿和照护者同时开展的。

（一）课程设计

1. 运动与健康

运动与健康是早期教育指导机构面向婴幼儿的课程设计的基础。若婴幼儿不能在早期教育中实现身体与心理的健康发展，势必会影响其他领域教育目的的实现。在早期教育指导机构的课程设计中，运动与健康应放在首位。运动与健康领域包括身体各部分的运动与协调、自我保护意识和安全意识的培养、生活习惯和自理能力的培养、心理关爱与情感培养四部分。

（1）身体各部分的运动及协调

0～3岁是婴幼儿身体发育的关键期，也是婴幼儿大运动与身体协调发展的关键期。比如，0～1岁的婴儿在头部转动、眼睛追踪、双手够取和抓握、双腿蹬踢、翻身、坐、爬、扶站等方面飞速发展。早期教育指导机构中要开辟便于婴幼儿身体运动与发展的空间，如地面要有软垫子，墙面要贴软包，家具要安装防撞条或者防撞角。家庭中可供婴幼儿活动的空间要尽量开阔、无障碍，使婴幼儿能够充分练习翻身、爬、扶站、扶走等动作。教师和照护者要多设计支持婴幼儿身体发展的游戏，如可以用自己的身体与婴儿开展游戏，在婴儿还不会独坐的时候把婴儿抱坐在怀里，使他的身体靠在成人身上，与婴儿玩被动操、膝上童谣等游戏。

案例

毛毛虫钻山洞

适宜年龄　8～10个月

活动目标

儿童目标：通过爬行，促进身体协调性的发展和四肢力量的提高，促进前庭觉发展。

家长目标：了解8～10月龄儿童正处于从腹部着地爬向手膝爬过渡的阶段；了解在家庭中如何创设支持儿童爬行能力发展的环境，并能运用家庭中常见的材料开展爬行活动。

活动准备

纸箱、颜料、彩纸、玩偶、宽阔柔软的场地。

活动过程

1. 教师和家长用纸箱制作“山洞”，并用颜料、彩纸等进行装饰。

2. 教师说：“我是毛毛虫，我要钻过山洞了。”

3. 家长引导儿童，家长先钻过“山洞”，儿童再钻过“山洞”。在儿童爬行期间，家长可以用玩偶在“山洞”的另一边吸引儿童。

小结与延伸

活动中，如果儿童不敢爬过去，成人可以在前面爬；当儿童敢爬之后，成人可跟在儿童后面爬，并及时鼓励儿童。在家中，可以用地垫、毯子、纸箱、枕头等安全柔软的物品搭成“隧道”，家长和儿童扮演“毛毛虫”，一起练习爬行。儿童会爬以后，其行动的自主性、好奇心都会大大增强。在家中，要注意安全，厨房和厕所的门要关好，最好不让儿童爬进去。

（2）自我保护意识和安全意识的培养

由于婴幼儿的自我保护意识、安全意识还没有形成，因此，活动内容的设计上，要涵盖对安全防护意识的培养。例如，引导 0～3 岁的婴幼儿不要把随手拿到的物品放入口中，户外活动时不要远离看护人员；引导 0～3 岁的婴幼儿上下楼梯时靠右侧，不扒、不爬窗户，户外活动时远离变压器、水坑等危险源。

2 岁以前婴幼儿的自我保护意识和安全意识需要在家长的协助下逐步培养，他们需要家长更多的看护。2～3 岁的幼儿逐步形成了自我保护意识和安全意识，此时可以设计关于消防安全、隐私安全等方面的活动。

案例

保护自己

适宜年龄 2.5～3 岁

活动目标

儿童目标：认识自己的五官，意识到要保护自己的身体。

家长目标：积极参与活动，鼓励、帮助儿童。

活动准备

画有儿童五官的图片。

活动过程

1．教师出示画有儿童五官的图片，请儿童观看图片，看看儿童能否说出各部位的名称。

2．教师与儿童讨论五官的用途及保护方法。比如，眼睛是用来看东西的，我们该如何保护眼睛呢？要少看电视，让眼睛得到休息。

3．教师请家长和儿童分组讨论，除了眼睛以外，其他部位的用途是什么，该如何保护。

小结与延伸

在家中，家长和儿童可以谈论关于五官的话题，还可以利用生活中的契机讨论如何保护五官。除了五官以外，家长还可以利用早上穿衣服、晚上洗澡的时间和儿童谈论身体的其他部位，逐渐使儿童了解到身体的哪些部位属于隐私部位，需要保护。

（3）生活习惯和自理能力的培养

早期教育指导机构应创设适合婴幼儿月龄特点的生活化环境，提供真实、安全的生活材料和生活工具，培养婴幼儿良好的生活习惯和自理能力。

首先，要设计游戏化、生活化的亲子活动，鼓励照护者引导婴幼儿进行自我照护，逐步养成良好的生活习惯。其次，提醒照护者在家中要保证婴幼儿按时、按需进食与饮水；引导照护者创设保证婴幼儿睡眠质量的心理环境和物质环境，重视睡眠中的保育，保证婴幼儿的睡眠时间、睡眠安全和睡眠质量。最后，教师要示范如何帮助小月龄段婴幼儿穿、脱衣物，如何培养大月龄段婴幼儿自主漱口、洗手等清洁卫生习惯，引导照护者在生活中逐步提高婴幼儿自我照顾的能力。

案例

毛毛虫钻洞洞

适宜年龄　2.5～3 岁

活动目标

儿童目标：通过尝试将“毛毛虫”（由线绳制作而成）穿过洞洞，锻炼手部肌肉和手眼协调能力。

家长目标：用适当的语言鼓励和支持儿童自己尝试，不包办代替。

活动准备

纸板、线绳。

活动过程

1．教师在纸板上钻几个洞洞，用线绳做成“毛毛虫”。教师说：“毛毛虫要出门玩耍了，它们要钻过几个洞洞。”教师一边将“毛毛虫”穿过洞洞，一边唱儿歌：“毛毛虫，真灵活，钻过大洞洞，钻过小洞洞。”

2．家长引导儿童将“毛毛虫”穿过洞洞。在这个过程中，家长要多鼓励儿童，多使用语言，少用动作来包办代替。

小结与延伸

在家中，家长可以多开展类似的游戏，如串珠、穿项链等。对于手部精细动作发展较好的儿童，家长还可以让他们尝试穿鞋带。这不仅锻炼了手眼协调能力，而且培养了他们自我照顾的能力，有助于养成良好的生活习惯。

（4）心理关爱与情感培养

设计婴幼儿早期运动与健康领域的课程时，不应忽略心理关爱与情感培养。教师要重视婴幼儿心理和情感的发展，以愉悦、温柔和积极正向的方式与婴幼儿讲话和互动。创设平等、合理、有安全感的情感支持环境。每日活动中都要有与婴幼儿面对面、个别交流的时间和行为。以适宜的师幼互动方式，借助语言、表情、肢体动作，通过与婴幼儿一起游戏、提出开放性问题、提供新词汇、支持同伴互动等形式，积极回应婴幼儿的需求。

由于婴幼儿之间存在个体差异，在入园、离园、同伴交往等方面，一些婴幼儿会出现紧张、烦躁、哭闹等情绪，这就需要教师与婴幼儿进行个性化的互动，为他们提供个性化的支持。通过情感互动与自由游戏，对婴幼儿进行心理支持，帮助他们形成良好的情绪情感。

案例

我不想生气

适宜年龄 2～3岁

活动目标

儿童目标：认识“生气”这种情绪，并学会表达“我生气了，我很难过”。

家长目标：了解儿童情绪的常见表达方式，意识到接纳儿童情绪的重要性。

活动准备

绘本《我不想生气》、西瓜球。

活动过程

1．教师读绘本《我不想生气》，并及时向儿童提问：“小兔子生气的时候是什么样子的？它会做哪些事情？”

2．教师引导家长和儿童谈论，儿童生气的时候会做哪些事情。

3．通过谈论，使家长和儿童认识到生气是每个人都会有的情绪，是很正常的。

4．一起谈论在生活中，儿童应该怎样正确地表达自己生气时的情绪。可以向他人诉说，可以做运动，如踢球、跳一跳等。

小结与延伸

本次活动中，家长首先要引导儿童认识生气这种情绪，并认识到生气是很正常的，每个人都会生气。其次，要引导儿童学会表达自己生气时的情绪。除了哭、向他人诉说、做运动以外，还可以用他们会说的词汇来表达情绪，用画画、角色扮演的方式来感知与表达情绪。在家中，家长可以引导儿童了解除了生气以外的其他情绪，如高兴、快乐、难过等。

2. 语言与交流

0～3 岁婴幼儿的语言发展要经过语言的吸收和语言的表达两个阶段。早期教育指导机构要创设丰富的语言环境，多与婴幼儿交流，选择合适的绘本和有声读物，提供丰富的语言刺激。在日常生活和游戏中，要促使婴幼儿积累、丰富词汇，并逐步提高语言表达能力。

（1）语言的吸收

从孕期开始，胎儿就能够听到妈妈与其他家人的声音，这一时期就是语言的吸收阶段的开始。在孕期多与胎儿交谈，不仅有助于培养亲子关系，而且对促进婴幼儿吸收性语言的发展有很大的促进作用。出生后到 1.5 岁，都是婴幼儿吸收性语言发展的关键期。在这个阶段，婴幼儿通过不断聆听成人说话，模仿成人的声音、语调，促进语言能力的发展。

这个阶段的婴幼儿往往通过身体语言来交流。4 个月之前的婴儿通过哭、笑等表达需求；4～6 个月的婴儿通过眼神的关注和“嗯嗯”“啊啊”等儿化语来交流；6～12 个月的婴儿则可以通过手指、摆动身体等交流，他们的身体语言更加丰富，能够说出“爸爸”“妈妈”等词汇；1～1.5 岁的幼儿能说出单词句。在语言的吸收阶段，早期教育指导机构的教师要鼓励家长在家中或者在机构中多与婴幼儿交谈，多给婴幼儿创设有益于语言发展的情境，如在户外玩耍的时候，和婴幼儿交流当下看到的景色、发生的事件。在情境中与在生活中学到的语言更能给婴幼儿留下深刻的印象。在婴儿 4 个月的时候，就可以尝试给他们阅读彩色涂卡；6～8 个月，可以阅读布书、洗澡书等，让婴儿喜欢书，把书当作玩具；1岁左右，可以阅读洞洞书、立体书等直观性强的书。

（2）语言的表达

婴幼儿语言的表达主要体现在“说”上，婴幼儿只有想说、敢说、喜欢说，才能讲清楚自己要说的事。1.5岁以后，大多数幼儿进入语言的爆发期，这个时候，早期教育指导机构要通过设计绘本阅读、角色游戏等活动，进行婴幼儿“说”的语言能力培养。成人要给幼儿自主探索、感知、熟悉书的机会，让他们在反复的主动阅读和感受中，学会自己安静专注地看书、按顺序慢慢翻书，了解并不断重温书中的形象与故事，反复感受阅读的快乐。成人可以用多种方法自制图书，这种方式会令幼儿非常喜欢。还可以鼓励幼儿用自己的方式把制作的图书的内容讲述出来。

案例

介绍我自己

适宜年龄 2~3岁

活动目标

儿童目标：学会说出自己的名字，并主动与大家打招呼，培养耐心等待的好习惯。

家长目标：鼓励儿童与教师和其他小朋友打招呼，并引导儿童说出自己的名字。

活动准备

小熊头饰。

活动过程

1．教师带着小熊头饰做自我介绍：“小朋友们好，我是一只棕色的小熊，我是来跟大家交朋友的。那我先来跟小朋友们做一下自我介绍吧。我的名字叫小熊，很高兴认识你们，谢谢！”

2．教师引导儿童做自我介绍：“小朋友们都认识我了，那你们也做一下自我介绍吧，我也想认识你们呢。请你们告诉我你们的名字。”

3．家长引导儿童做自我介绍。在其他儿童做自我介绍的时候，家长和儿童一起安静地聆听。

小结与延伸

若儿童不能做自我介绍，或者因为羞怯而不开口，家长不要着急，可以请其他儿童先做自我介绍，逐步引导儿童，避免引发儿童焦虑的情绪。在儿童能够做自我介绍之后，教师要鼓励和表扬他们。在日常生活中，家长可以有意识地在家人、朋友面前进行互相介绍，也可以带着儿童去认识其他小朋友，逐步引导他们学会介绍自己的姓名、性别、年龄等。

3. 自我与他人

（1）自我的发展

1 岁以前的婴儿认为自己和环境是一体的；15 个月开始，他们会使用自己的名字称呼自己；15～18 个月，会从镜子中确认自己；18 个月时，幼儿可认出哪些是自己的东西；21～24 个月，在镜子中看到自己时，幼儿会摸着镜子中自己的脸说“这是我”，并从照片中辨认出自己；24 个月开始，幼儿的同伴交往意识增强，他们喜欢和小朋友们一起玩，但是还不能真正地分享；24～36 个月的幼儿自我意识进一步增强，真正感受到“我”与他人的不同，并能自己做出决定，他们喜欢说“不”，喜欢用自己的语言、行为掌控外部世界，体会到“叛逆”带来的掌控感和满足感，这一阶段就是“第一逆反期”。婴幼儿能区分他人和自己，这对自我意识、独立与自尊的发展有着重要意义，使婴幼儿更有信心与周围的世界形成温暖、和谐、有秩序的关系。

（2）与他人的关系

婴幼儿与他人的关系的发展，是从与家人尤其是与母亲建立安全依恋与信任开始的。母亲对婴幼儿日复一日的哺育、照料、关爱能带给婴幼儿安全、爱、抚慰、尊重和可信赖感，会对他一生对待他人和对待人生的方式有着重要影响。如果婴幼儿与母亲建立了安全依恋关系，那么，当婴幼儿开始接触早期教育指导机构，接触到生命中的另一个重要他人——教师时，他会更加容易与教师建立充满信任感的师生关系，能够对外部世界充满好奇，积极探索，有信心应付挑战和困难。8 个月开始，婴儿开始认识自己的母亲，从此时一直到 2 岁，都是母婴依恋建立的关键期。如果早期教育指导机构中有 2 岁以下的婴幼儿，那么教师要给予婴幼儿更多的关爱。如果家庭中有特殊原因造成母亲照料的缺失，那么家人也要尽可能给予婴幼儿更多的关爱。

（3）同伴交往

同伴也是婴幼儿生活和发展中的重要他人。在与同伴交往中，婴幼儿互相模仿和交流，体验快乐与友好。这些有价值的经验会促进婴幼儿童年友谊的建立，是社会性学习和发展的重要内容。12 个月后，幼儿尝试轻拍、推、拉同伴的身体，递或接玩具，还喜欢相互发起你一句、我一句的言语交流；2 岁时，伴随着积极的交往行为，幼儿之间的攻击性行为也开始增多，如抢玩具、推人等；近 3 岁时，幼儿之间出现了早期友谊，表现为同伴的亲近与分享、积极的情感交流、一起游戏等。

案例

躲猫猫

适宜年龄 0.5～1 岁

活动目标

儿童目标：锻炼视觉追踪能力，认识自我与他人，意识到客体永存性。

家长目标：学习观察儿童的行为，并能及时给予鼓励和帮助。

活动准备

抒情的音乐、手帕或纱巾。

活动过程

1．教师示范，用手帕或纱巾挡住自己的脸，几秒后移开，微笑着和家长、儿童打招呼。

2．向每个家庭发放手帕或纱巾。家长用手帕或纱巾挡住自己的脸，几秒后移开，微笑着和儿童打招呼。

3．家长把纱巾蒙在自己头上，然后拿开微笑着和儿童打招呼。之后再蒙在儿童头上，拿开，微笑着和儿童打招呼。

4．家长再次将纱巾蒙在儿童头上，尝试让儿童自己拿开，并和儿童打招呼。

小结与延伸

家长和儿童游戏时要微笑，表情要夸张，并随时关注儿童的情绪。和儿童初次玩躲猫猫的时间要短，以免儿童害怕。在家中，躲猫猫的形式可以多种多样：根据儿童的发展情况，可以准备手帕或纱巾和儿童玩躲猫猫的游戏，还可以用毛巾被等大的生活用品，也可以躲在人后、物体后。玩躲猫猫时要有大人陪同儿童，不要让他们单独玩；要考虑到物品以及行为是否安全，如不能用大的毛巾被蒙儿童。

4. 艺术与审美

早期教育指导机构要设计随意涂鸦、色彩感知与表现和玩面玩泥等活动。这是婴幼儿熟悉艺术表现材料和积累艺术表现经验的机会。在摆弄、搭高、推倒积木的过程中，婴幼儿渐渐熟悉积木作为建构材料的物理特性，发现积木在空间中的表现形态。这些经验的获得和积累，会为婴幼儿的平面、立体表现与创造打下基础。通过涂鸦、点画、手工制作、泥塑等活动，婴幼儿可以充分感知颜色、材料的性质和变化，发挥创造性，锻炼揉、团等手部精细动作，发挥丰富的想象力和创造性，初步培养对美的感知能力。

早期教育指导机构还可以设计音乐欣赏、音乐律动、节奏感知、奥尔夫乐器感知等音乐活动，通过音乐、歌曲、律动、乐器，开发婴幼儿的音乐智力，提高婴幼儿对音乐的热情，通过活动中各种各样的音乐形式开发婴幼儿对韵律、节奏、音调和节拍的感知能力。

案例

我有一只小毛驴

适宜年龄　1.5～3岁

活动目标

儿童目标：学习欣赏乐曲，通过聆听感受音乐的美；认识1～2种乐器，能说出乐器的名称；能在家长的帮助下按节奏配乐，培养节奏感；能够伴随着乐曲，充分发挥想象力，自己创编舞蹈动作。

家长目标：领会艺术领域的重点在于培养儿童的创造性和对艺术的喜爱，而不局限于学会某种乐器或某个舞蹈动作；学会观察儿童在艺术方面的表现；能够适当指导儿童，既不包办也不放任。

活动准备

播放器，音乐《我有一只小毛驴》，手铃等铃铛类乐器。

活动过程

1．音乐欣赏。教师播放音乐《我有一只小毛驴》。先让儿童静静地聆听一个完整乐段，教师启发家长和儿童共同畅想音乐中的情境。教师用儿童可以听得懂的语言来启发儿童："你们听到乐曲以后，会想到什么呢？乐曲是不是让你们感到很高兴、很快乐啊？"

2．讲述音乐情境。教师根据歌词，讲述音乐情境："这首曲子描述的是一只可爱的小毛驴，主人一般都不骑它，但是主人骑它去赶集的时候，它却很调皮，把主人摔到了地上。"教师根据音乐内容进行表演，模仿小毛驴的动作。

3．伴随音乐做动作。教师带领家长和儿童一起，伴随着音乐做动作。根据歌词中内容，做骑毛驴、扬皮鞭、摔倒等动作。家长引导儿童模仿动作。

4．认识乐器。

（1）教师将手铃藏在身后并摇动手铃发出声音，让儿童猜是什么乐器发出的声音。

（2）教师出示乐器并告诉儿童乐器的名称——手铃。

（3）家长鼓励儿童到教师面前拿乐器，并大声说出乐器的名称，双手接乐器并说"谢谢"。

5．节奏练习。

（1）教师演示戴手铃的方法，请家长帮助儿童戴好。

（2）先不放音乐，教师演示手铃的使用方法。之后播放音乐，跟随音乐有节奏地使用手铃。教师、家长和儿童共同寻找音乐中的节奏，伴随着音乐摇动手铃。

（3）播放音乐，教师鼓励儿童自己来伴奏。家长可以在旁边协助打节奏。

小结与延伸

活动中，家长要及时吸引儿童的注意力，尽可能在音乐欣赏的过程中，听完一个完整乐段。家长要及时示范并提醒儿童拿、放乐器时要轻拿轻放，领取乐器时要双手接乐器并说“谢谢”。儿童拿到乐器后会很兴奋，不听家长指挥，乱敲乱摇乐器。这是儿童在探索新奇事物，家长要允许儿童有探索的时间。在家中，家长可以选取其他节奏鲜明的音乐，让儿童练习打节奏。对于2岁以上的儿童，还可以让他跟着音乐舞蹈，自己创编动作。家长可以带领儿童一起制作乐器，如在橡皮筋上穿铃铛做成手铃，在木棒上穿铃铛做成串铃等。

附歌词：我有一只小毛驴我从来也不骑，有一天我心血来潮骑着去赶集，我手里拿着小皮鞭我心里正得意，不知怎么哗啦啦啦啦我摔了一身泥。

5. 感官体验与认知

利用感官进行学习是0～3岁婴幼儿的发展需求与特点。通过大自然的风、水、树叶、草地、石头等，他们可以充分发展自己的视觉、听觉、触觉、嗅觉、味觉。

婴幼儿对外部世界的认知，是在日常生活和玩耍中形成的。通过操作玩具、材料，感知材料和容器的关系，关注事物的相同与不同之处，理解早期数与量的关系；通过不断操作，理解空间的含义；通过装满与倒空、放进去与取出来等活动，关注不同物体的位置，感知“里”“外”等空间关系；通过摞高玩具、推倒玩具、拆开玩具等，感知物体构成的空间结构，感知分成部分与组成整体，积累有关分解与组合、部分与整体的数学经验。

婴幼儿还会根据身体感知和生活经验预期时间，如饿了就到要吃饭的时间了，困了就到该睡觉的时间了。这是婴幼儿获得安全感和秩序感的重要前提。在对开始与结束、快与慢的内在感知中，婴幼儿逐渐形成时间概念，并有意识地重复动作，使以前出现过的事件再次出现。婴幼儿在这一过程中探索着因果关系。这是认知能力发展的重要表现，也是解决问题能力发展的基础。

早期教育指导机构除了利用丰富的玩教具设计游戏外，还要带婴幼儿走进大自然。大自然是进行感官体验活动的最好场所；同时，在室内也要提供益智类玩教具和充分的探索空间，让婴幼儿在探索中不断发展。

案例

风娃娃

适宜年龄 2～2.5岁

活动目标

1．初步感知风能够将物品吹走。

2．喜欢参与户外活动，能够平稳地跑。

活动准备

故事《风娃娃》中小白兔、小鸟、小鸭子、风娃娃的图片，纱巾，风车，风筝。

活动过程

1．教师和家长、幼儿到户外院子里玩风车。

2．教师在休息的间隙讲述故事《风娃娃》，引发幼儿的兴趣。

3．教师和家长、幼儿共同感受风，可以玩风车、纱巾，也可以放风筝，并引导幼儿感受风的吹动。

小结与延伸

活动过程中，家长要多引导幼儿感知，如可以闭着眼睛感知风吹过脸颊的感觉，引导他们表达“风轻轻的、柔柔的”。在家中，感受风的游戏有很多，如扔纸飞机、扇扇子等。还可以创设引导幼儿吹的动作游戏，感受风的同时促进幼儿面部肌肉的发展。除了感受风以外，家长可以带着幼儿去感知水。此外，玩水、沙子、面粉都可以促进幼儿感知觉的发展。家长还要充分利用日常户外活动的契机，让幼儿用眼睛、耳朵、鼻子等感官感受大自然的色彩、声音、气味等。

附故事：

风娃娃真调皮，吹走了小白兔晒在竹竿上的纱巾。

风娃娃赶紧去追，可总也追不上。风娃娃追累了，停下来歇了一会儿。纱巾停下来也休息了一会儿。

小鸭子来了：“多漂亮的纱巾呀，正好做我的花头巾！”

风娃娃跑过来，把小鸭子头上的花头巾吹到了树上。

小鸟说：“快来看，我又多了一只花翅膀！”

风娃娃趁小鸟不注意，又把纱巾吹走了。

飘呀飘，纱巾飘到了小白兔手里：“哈！风娃娃把我的纱巾送回来了！”

（二）课程实施

实施是将制订好的课程计划付诸实践的过程，是实现预期的课程理想、达到预期的课程目的、实现预期的教育结果的手段。

早期教育指导中面向婴幼儿的课程实施过程是以婴幼儿、家长为主体，以保教人员为辅助的循序渐进的教育过程。这一过程需要保教人员依据课程设计要求进行组织和实施，以达到早期教育的目的。

1. 编写活动方案

在面向婴幼儿的课程实施过程中，早教教师需要根据课程计划认真编写活动方案。活动方案是为课程实施提供保障的重要手段，早教教师以课时或课题为单位，根据婴幼儿的身心发展规律、认知情况、已有的经验和能力等进行活动方案的编写，再根据活动方案开展教学活动。

活动方案的编写要注意综合性和进阶性。活动目标方面，兼顾照护者和婴幼儿，既有面向照护者的家长目标，也有面向婴幼儿的发展目标。活动内容方面，要涵盖运动与健康、语言与交流、自我与他人、感官体验与认知、艺术与审美五个领域，并以月、周为周期。活动难度方面，要根据年龄特点逐渐进阶。

2. 准备材料

材料是为帮助早教教师更加有效地实施活动准备的，是创设有利于婴幼儿观察、体验、实践的活动环境而使用的各种物品、音乐、视频等。教师通过投放各种材料，使课程更具吸引力、更具趣味性，从而提升婴幼儿的专注力。材料要考虑适宜性，根据婴幼儿的年龄、思维、动手能力等特征进行投放。材料首先应是安全无危害的，是经过严格挑选的环保材料，以保障婴幼儿在使用过程中不会遇到危险和受到伤害；其次，材料应具有趣味性，要能够吸引婴幼儿的好奇心，还要满足婴幼儿的探究欲；最后，材料要按照由浅入深、从易到难的要求投放，要具备多层次性、开放性，能满足一次活动中不同发展水平的婴幼儿的需求，能根据活动需求，分解出若干个与婴幼儿的认知发展相吻合的操作层次。

3. 组织活动

在面向婴幼儿的早期教育指导方面，活动组织过程主要包括活动导入、活动内容及活动延伸三部分。活动导入是教师引起婴幼儿的注意力，激发婴幼儿的好奇心，顺利导入活动内容的过程。活动内容是活动组织过程中的主要环节，是围绕活动计划、活动设计意图及活动目的而进行的活动。活动延伸的主要目的是引导家长思考，如何在家庭中利用常见的家庭材料和家庭环境开展活动，与婴幼儿生活密切相关。除此之外，0～3 岁婴幼儿的活动还要关注生成性和实操性。

（1）生成性

活动的设计要关注婴幼儿当下的状态和年龄特点、兴趣爱好，及时捕捉婴幼儿的兴趣点，根据婴幼儿当下的状态给予适当的引导和支持。活动过程中，不仅要完成教师自上而下设计的活动目标，而且要注重活动的生成性。

（2）实操性

对婴幼儿发展的五大领域的设计要具有较强的实操性，能够帮助和指导家长。例如，有些 2～3 岁幼儿的家长刻意地要求早期教育机构的教师设计背诵古诗、学习拼音和汉字等课程。这些课程揠苗助长，不利于婴幼儿的身心健康和全面发展。还有的活动过于专业，教师使用专业的教具、专业的言语，忽略了活动在家庭中的转化，使家长对活动产生畏惧，不利于活动在家庭中的实施。

拓展阅读

你不知道的早教课程问题

承载着具体教育任务的早教课程，有时候容易出现一些常见问题。例如，课程模式化，缺乏针对性；课程实施过程中过分注重形式，忽略了课程进行中的衔接等。如何优化早教课程？大家可以扫描二维码浏览相关内容。

三、面向照护者的指导

早期教育指导机构的理念与方法如何在家庭中延伸，真正提升家庭育儿质量，发挥早期教育指导机构支持家庭的作用？这需要设计面向照护者的课程。一方面，要为家长提供科学的教育指导，帮助家长掌握科学育儿的方法；另一方面，尽可能为其提供完善的教养服务，满足不同家庭对婴幼儿早期教育的需求。

（一）指导内容

1. 传播婴幼儿身心发展的知识

0～3 岁的婴幼儿生长发育速度快，新陈代谢旺盛，他们的发展具有不平衡性和阶段性。家长只有系统地了解和掌握不同时期婴幼儿生长发育的特点和规律，才能更好地结合婴幼儿的个体差异和教养环境，为他们提供有益身心健康的教育指导和陪伴。早期教育指导机构可以根据婴幼儿的年龄阶段为家长传递相关知识，也可以从不同领域（如健康、语言、社会、认知、艺术）对家长进行引导，帮助照护者探寻符合婴幼儿身心发展规律的教育方法。

2. 创设良好的教育环境

教育环境包括物质环境和精神环境。家长在为婴幼儿创设良好环境的过程中，既要注重为婴幼儿提供促进其发展的物质环境，又不能忽视有利于婴幼儿身心发展的精神环境。

物质环境的创设包括为婴幼儿提供必要的生活用品、安全有趣的玩具、适宜的运动场所等。早期教育指导机构应引导家长根据婴幼儿的身心发展水平和年龄特点选择适宜的生活用品，如适合婴幼儿小手抓握的奶瓶、小碗、小杯子等餐具，逐步培养其独立进餐能力和生活自理能力。提供的玩具要兼顾安全性和趣味性。适宜的运动场所包括室内和室外两部分。家长在为婴幼儿打造室内环境时要注意安全、卫生。例如，可以为婴幼儿准备柔软干净的地垫，注意光照条件和及时通风，保持空气的新鲜。在选择室外环境时也要注意场地的安全，如尽量避免人流量过大，以降低对婴幼儿造成不必要的伤害的可能性。

精神环境的创设是指家长应为婴幼儿提供和睦、温馨的家庭环境。在充满爱的环境里长大的孩子是温暖的、阳光的，照护者为婴幼儿创设的成长环境对孩子的身心发展有着重要的影响和意义。良好的精神环境包括和睦的家庭关系以及友好的同伴关系。照护者要注重家庭关系的和谐，建立良好的亲子关系，为婴幼儿提供和同伴相处的机会，引导婴幼儿在与同伴互动的过程中形成乐观、合群的性格。

3. 传授科学的教育方法

早期教育指导机构对照护者的指导主要是帮助婴幼儿家长掌握正确的家庭教育方法。例如，有些家长在指导婴幼儿阅读绘本故事的过程中，面对孩子提出的很多离奇问题，往往刚开始积极回答、解释，后来变得厌烦，甚至直接打断孩子的提问。这种做法是不利于培养婴幼儿主动思考的意识的。因此，早期教育指导机构需要对婴幼儿家长进行绘本故事阅读方法的指导。有的家长认为读绘本就是识字，割裂了故事的完整性，剥夺了绘本画面带来的想象，机构可以有针对性地给予家长支持。有的家长认为0～3岁的婴幼儿不需要过多关注，往往忙于工作和应酬，导致孩子缺少亲子陪伴。还有的家长则过早教婴幼儿数字、汉字等，忽视其年龄特点，忽略对其情感、运动等方面的关注。这些问题都需要早期教育指导机构用适当的方法指导与支持家长，切实提高家庭育儿水平。

4. 指导婴幼儿养成良好的生活习惯

婴幼儿早期教育的目的之一就是让婴幼儿从小养成良好的生活习惯，包括良好的饮食习惯、睡眠习惯、卫生习惯等。在面向婴幼儿的教育过程中，生活习惯的养成始终贯穿各个领域；面向照护者的指导中，同样需要培养婴幼儿良好生活习惯方面的指导。例如，有些婴幼儿存在严重的偏食行为，要想纠正这种行为，仅仅依靠早期教育机构面向婴幼儿的指导是远远不够的，还需要对照护者进行膳食营养方面的指导，从而帮助照护者正确对待婴幼儿偏食现象，培养婴幼儿良好的饮食习惯。

5. 指导婴幼儿游戏

游戏是照护者与婴幼儿最为频繁的互动活动。不少照护者对婴幼儿的游戏缺少指导，这就需要机构对照护者进行游戏方面的指导，让照护者在婴幼儿的游戏活动中，既保证其安全，又实现对婴幼儿全面的教养。可以将观察记录作为一种有效的指导手段，让照护者对婴幼儿在游戏中的行为表现进行观察记录，并加以分析，以便为更好地为指导婴幼儿的游戏活动提供参考。

早期教育指导机构面向照护者的指导内容是十分广泛的。早期教育指导机构可以根据婴幼儿及家长的具体情况，有的放矢地进行相应的指导课程设计，并展开照护者指导。

（二）指导形式

早期教育指导机构面向不同年龄段婴幼儿的照护者进行指导时，指导形式可以多样化。集体指导、个别指导、分散指导、家庭延伸活动是几种常见的形式。

1. 集体指导

（1）亲子活动

亲子活动是指专业的学前教育工作者组织家长和婴幼儿共同参与早期教育活动，在活动中对家长进行指导，寓教于乐。亲子活动一方面能够促进婴幼儿与家长的互动，增进亲子情感；另一方面，在活动过程中，教师可以对家长进行指导，帮助家长掌握科学的育儿方法，并运用到日常生活中。亲子活动可以是小时制的，也可以是半日制的。

（2）家长沙龙

家长沙龙是在有育儿经验和婴幼儿教养知识的专业人员的带领下，组织家长进行经验交流、分享以及疑难解答活动。家长带着自己的育儿经验和在教养过程中遇到的问题进行互动和交流，在沟通过程中互相借鉴经验，这有助于自身问题的解决。家长沙龙给照护者提供了良好的沟通与交流的平台，可以让家长在专业人员的带领下自主解决教养问题，并传播教养经验。（图 5–1）

图 5–1　家长沙龙

（3）专题讲座

专题讲座是指早期教育指导机构邀请早期教育专家、妇幼保健医生、儿童心理学专家、具有丰富育儿经验的教育工作者等专业人员，根据家长的兴趣和需要，针对家长在教养过程中普遍存在的问题进行指导和开办讲座。（图 5–2）

图 5-2　专题讲座

（4）家长工作坊

机构可以用参与式培训的形式举办家长工作坊。将家长看作培训过程中的主人，在培训中充分调动家长的积极性，通过现场提问、案例讨论、角色扮演、观看视频、参与模拟活动等多种形式，将生涩的理论知识呈现出来，让家长在参与中领悟，在做中反思，在做中学习。家长工作坊结束之后，机构应及时给家长发放反馈表，就培训的收获以及想进一步了解的知识等信息进行反馈的收集。

案例

家长工作坊纪实：科学的养育与照料

时间

20×× 年 × 月 × 日。

地点

亲子活动教室。

参与人

0～3 岁婴幼儿照护者。

家长工作坊的目的

1．了解养育照料对促进婴幼儿大脑发育的重要性。

2．了解如何与婴幼儿建立正确的依恋关系。

3．了解敏感性和响应性对婴幼儿发展的影响。

4．了解婴幼儿的气质类型。

家长工作坊的核心内容

1．养育照料对促进婴幼儿大脑发育的重要性。

婴幼儿出生前和出生后的经历，尤其是生命的最初几年的经历，对促进婴幼儿大脑的发育起着重要作用。

2．什么是依恋以及如何建立依恋关系？

依恋是指婴幼儿与父母和看护人员之间建立起来的亲密情感纽带。

依恋关系是通过亲子之间日常的爱意表达和小互动建立起来的。

3．什么是敏感性和响应性？

敏感性是指对婴幼儿以及他们传达或表达出的需求和愿望的意识。

响应性是指看护人员对婴幼儿的信号和需求做出反应的能力。

4．婴幼儿的气质类型。

易养型、中间难养型、难养型。(图 5–3)

图 5–3 家长工作坊

家长的反馈

家长甲：通过讲座，了解了敏感性和响应性对婴幼儿发展的影响。

家长乙：体会到在与婴幼儿的互动过程中，多注意观察婴幼儿的反应，并根据婴幼儿的反应进行行为调整的重要性。

家长丙：更清楚地了解了敏感性和响应性的重要性。

家长丁：意识到要根据婴幼儿的需求调整家长的主动行为；此外，通过与其他家长分享养育和照料过程中的问题获得了一些经验。

家长的困惑和需求

困惑1：教育孩子从什么时候开始好?

困惑2：如何更好地培养孩子的良好习惯?

困惑3：当孩子进入叛逆期，家长该如何应对?

需求1：希望举办更多有针对性的讲座。

需求2：希望举办教育方面的讲座。

需求3：希望提供与孩子沟通交流的方法。

2. 个别指导

（1）提供早教热线电话

早教热线的开通能够方便快捷地帮助家长解决早期教育过程中遇到的问题，这一指导方式具有灵活性和时效性。

（2）入户指导

入户指导是由具备专业知识和指导经验的早教工作者上门服务，为照护者进行一对一专业指导的活动。指导内容包括婴幼儿生长发育的规律与特点、科学喂养常识、科学育儿的方法等。指导者通过亲自示范和专业指导帮助家长树立科学育儿的意识，掌握科学育儿的方式方法，推动婴幼儿的身心健康成长。入户指导针对性强，也具有较高的灵活性。需要注意的是，早教工作者要做好指导记录和追踪。

3. 分散指导

随着科学技术的日益完善，网络信息系统日渐发达，早期教育指导工作越来越多地利用互联网进行宣传和推广。较为常见的有网络主页、微信公众平台、应用程序等。网络通信系统的便捷和发达一方面扩大了早期教育指导机构的辐射范围；另一方面也突破了时空界限，缩短了照护者与相关专业人员的距离，为照护者提供了便利，足不出户就可以随时随地获得需要的早教信息。

4. 家庭延伸活动

家庭延伸活动是亲子活动的重要补充，也是亲子活动在家庭中的延伸。家庭延伸活动可以加强对家长育儿行为和理念的指导，帮助家长在参与活动的过程中，学习如何观察儿童和如何有效地与儿童互动；可以更好地促进家长参与到亲子互动中来，培养良好的亲子关系，使家长了解到，在养育儿童的过程中，在与儿童日常的互动过程中，在利用家庭中常见的材料进行游戏和玩耍的过程中，自身完全可以做到对儿童早期发展的支持。

案例

活动名称：我是小厨师

活动材料

水果、蔬菜若干，切水果、蔬菜所需用具若干。

活动目标

1．锻炼手部小肌肉。

2．加深对水果、蔬菜的认知。

活动方法

儿童根据自己的能力切水果、蔬菜。

家庭指导

家长可以提前带着儿童到菜市场买菜，使儿童产生对水果、蔬菜的认知。回到家后，首先，家长指导儿童自己洗菜。若有洗不干净的，家长可再洗一遍。其次，让儿童试着切水果、蔬菜。如果挑选的是类似胡萝卜等坚硬的蔬菜，那么请家长先根据儿童的能力切成适当的条，再耐心指导儿童处理。需要注意的是，儿童切水果、蔬菜时使用的刀具应为儿童专用的、安全的。(图5-4)

图 5-4　我是小厨师

活动名称：送给妈妈的礼物

活动材料

超轻黏土（各色）、吸管 1 根、毛线 1 根。

活动目标

1．发展手部小肌肉的灵活性。

2．发展手眼协调能力。

活动方法

1．儿童用搓、揉、团等动作将超轻黏土做成圆形或其他形状的样式。

2．用吸管从超轻黏土中间部分穿过。（家长可根据儿童的情况，在穿孔时将孔穿得大一点或小一点。）

3．晾干后用毛线将超轻黏土穿起来，漂亮的项链就做好啦。

家庭指导

在制作过程中，家长可放手让儿童动手操作，不要太过在乎成品的样式。也可以用不同的方法做成其他的样式。（图 5–5）

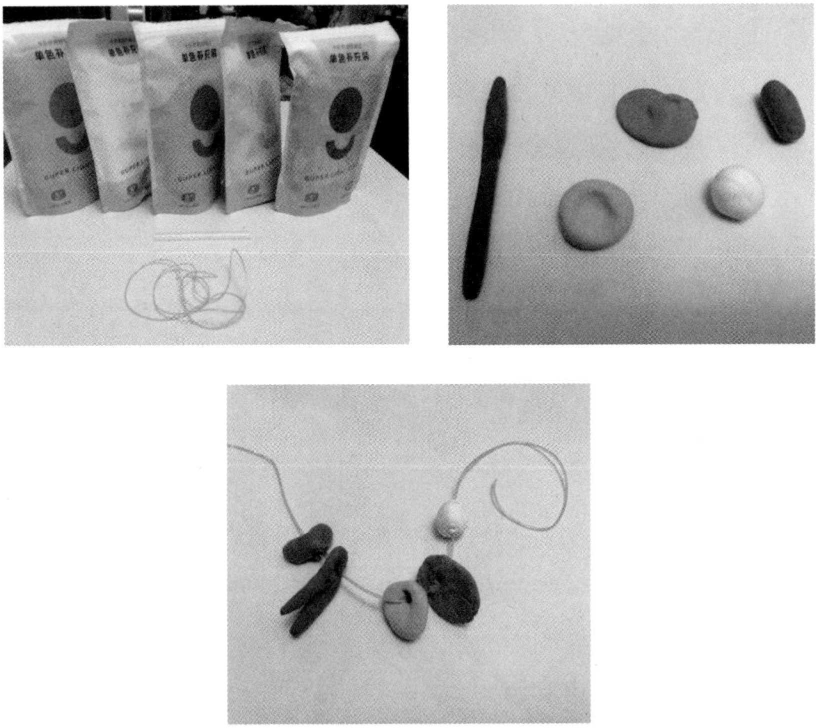

图 5–5　送给妈妈的礼物

本章小结

早期教育指导机构的课程设置要遵循全面关注原则、适宜性原则、注意对照护者进行指导的原则。对于 0～3 岁的婴幼儿来说，课程的表现形式为生活化的游戏和互动性的活动。课程涵盖运动与健康、语言与交流、自我与他人、艺术与审美、感官体验与认知五大领域。科学的家庭教育能够对婴幼儿产生积极的影响，面向照护者的课程内容应与面向婴幼儿的课程内容相吻合，同时需要满足照护者的指导需求。从传播婴幼儿身心发展的知识、创设良好的教育环境、传授科学的教育方法、指导婴幼儿养成良好的生活习惯、指导婴幼儿游戏等方面，根据婴幼儿及家长的具体情况，有的放矢地进行相应的指导课程设计，并通过集体指导、个别指导、分散指导、家庭延伸活动等形式展开面向照护者的指导。

小任务

1．早期教育指导机构的课程设置需要遵循什么样的原则？

2．作为早期教育指导机构的一名教师，请你为24～30个月的幼儿设计一个运动活动。

3．照护者作为影响0～3岁婴幼儿的重要他人，其科学育儿知识的学习和科学育儿能力的提升是课程中的重要内容。面对祖辈照护者，您将如何开展多样化的指导？

常见问题解答

问题1　如何将奥尔夫音乐教育思想应用在早期教育指导机构的课程中？

解答　奥尔夫主张原本性的音乐教育。奥尔夫认为，在音乐教育中，音乐只是手段，教育人、培养人才是目的。奥尔夫音乐教育的基本内容包括说白、唱歌、声势、打击乐器、舞蹈、音乐与美术、游戏、戏剧和欣赏。0～3岁的婴幼儿需要整洁、温暖、舒适的环境，需要足够的营养和睡眠，在与成人的接触中建立亲情，喜欢伴随音乐手舞足蹈，喜欢游戏。面对0～3岁的婴幼儿，可选的内容有歌曲与歌谣、律动与歌唱游戏、乐器玩奏等，可选的乐器有沙锤、铃鼓、三角铁、撞钟、响板、双响筒、蛙鸣器、木鱼、铝板琴、手摇铃、脚铃、小鼓等。

问题2 在早教课程开展的过程中，教师如何指导照护者提升亲子互动的质量？

解答 在早教课程开展的过程中，良好的亲子互动往往可以使教学“事半功倍”。教师可以这样指导照护者。第一，引导照护者了解儿童的年龄特点和发展水平。在活动前，教师可以引导他们与儿童交谈或观察儿童，充分了解儿童的性格、学习兴趣和学习习惯。只有了解了儿童的生理和心理特点，照护者才能和儿童顺利沟通，从而进行良好的互动。第二，为照护者提供充分的思考和尝试的空间。提前向照护者渗透本次活动的目标和意义，引导他们思考针对儿童特点和本次活动的目标、环节等可以选择哪些方式与儿童进行互动。第三，在活动过程中给予照护者提示或示范，引导他们运用语言互动、表情互动、行为互动等多种互动形式来提高与儿童互动的程度。第四，发挥同伴作用，引导照护者向共同参与活动的其他照护者学习，鼓励照护者之间相互交流，同时树立照护者的自信。

问题3 在早教课程开展的过程中，如果遇到认生的儿童，教师要怎么进行科学的教育引导呢？

解答 由于儿童的成长环境与性格特点不同，对陌生的环境和陌生的人的接受度不太一样。认生是一种很常见的现象，是社会化能力发展的表现。儿童看到陌生人时会抵触，有一些比较敏感的儿童甚至会用哭喊的方式引起照护者的注意，从而起到自我保护的作用。

教师要明确告知照护者，不要把儿童性格内向、认生当作缺点来看待，不用刻意地指责儿童，也不要让照护者拿自己家儿童和一起参加活动的其他儿童进行比较。比较可能会让儿童变得更加自卑、胆小，性格也会变得更加孤僻。

面对认生的儿童，教师不用急于上前安抚。首先，可以让照护者带着儿童一起在活动室的角落中“围观”一段时间，通过观看别人的活动进行替代性学习。儿童天生具有喜欢观察模仿的特点，再加上观察模仿是在照护者的陪伴下进行的，因此，儿童能获得较多的安全感，儿童注意的焦点也更容易从情绪上的紧张变为理性角度上的观察，儿童的紧张感会逐渐缓解。

其次，教师可以选用一些儿童感兴趣的玩具在儿童面前玩。当儿童一直盯着看，兴趣被激发时，试着将玩具递给儿童。玩具不仅能迅速拉近教师和儿童的关系，传达教师的善意，而且能让儿童对教师、对活动室产生兴趣，从而激发儿童主动探索、接近的欲望。

最后，教师也可以鼓励照护者在早教活动结束后多带儿童去一些人多、热闹的地方，让儿童感受其中热闹、轻松的氛围，给儿童提供与其他年龄相仿的儿童接触、交往的机会，逐渐让儿童习惯集体的氛围。这样也能减少认生情况的出现。

第六章　早期教育指导机构的发展趋势

通过学习本章，你将可以

1. 了解早期教育指导机构医教结合的意义及国内外医教结合的现状。

2. 掌握基于社区的公益性儿童早期发展中心的特点。

3. 了解托育机构、幼儿园与早期教育指导机构的融合。

近年来，早期教育指导机构不仅对所在辖区的早教中心进行业务指导，提供早期教育服务，而且呈现出开展多部门合作、有效整合各方资源的趋势。

一、医教结合的儿童早期综合发展服务

（一）医教结合的基本原理

1. 医教结合的含义

医教结合的“医”有两层含义。第一层是指利用先进的临床医疗技术对严重危害儿童身心健康的各种疾病实施专项检查、诊断、治疗；第二层是利用康复医学的手段减轻甚至消除人的功能障碍，弥补人的功能缺失，设法改善和增强人体各方面的功能。

医教结合的“教”是指根据学龄前期（0~6 岁）的特殊儿童的身心发展特点，

通过教育、训练、医疗和康复综合的方法，在家庭和社会的影响下，对其进行的补偿与补救性教育。[①]在早期教育指导机构中，开展医教结合更重要的意义在于在儿童生命早期，通过常规的体检和筛查手段，发现疑似存在发育滞后或者发展障碍的儿童，利用医疗手段和教育方法进行综合性的干预，更好地促进儿童的发展。

2. 医教结合的理论基础——发展的敏感期

在0～3岁阶段，儿童的多项能力发展处于敏感期。敏感期是指儿童的某些技能或能力在某个特殊时期更容易习得。比如，0～1.5岁是儿童的视觉系统和听觉系统迅速发展的时期。从出生到3个月，照护者可以提供给儿童黑白卡让其注视；3个月以后，可以提供彩色的视觉刺激。同理，在这个阶段，让儿童听来自妈妈、爸爸温暖的声音，听轻柔的音乐声，听风吹过铃铛发出的声音等各种声音，都会刺激儿童听觉神经的充分发育。除此之外，3岁以前还是儿童的语言敏感期、符号敏感期、人际关系敏感期、情绪控制敏感期。可见，3岁以前对于儿童的发展来说是至关重要的。

虽然在儿童3岁后，外界环境给予足够的刺激，儿童的某种行为或能力也能够得到发展，但是要想达到同样的效果，需要花费更多的时间和精力。因此，医教结合发挥作用的关键还在于早期发现、早期诊断、早期干预，强调的是“三早”。通过早期干预，避免或杜绝发育滞后等情况的出现，有效防止特殊儿童功能障碍程度的进一步加深。

（二）医教结合的儿童早期综合发展服务的理论基础

1. 每个儿童都有拥有最佳人生开端的权利

我们知道，生命最初的几年，尤其是0～3岁，是儿童成长和发展重要的“机会窗口期”，也称为生命的开端。在这一时期，大脑的信息传递通道迅速发育，支配一生的思维和行为方式正处于形成阶段。毫无疑问，这是一生中最容易受外界影响的阶段，是每个人自身发展的最佳时期，也是人生的奠基时期。为儿童提供

① 张婷：《医教结合是当代特殊教育发展的必经之路》，载《中国教育技术装备》，2010（21）。

良好的营养、早期启蒙、安全和充满爱的环境，可以促进儿童大脑的充分发育，帮助他们发挥最大的潜能。

2. 医教结合是为儿童创造最佳人生开端的有效途径

0～3 岁时期，大脑的发育速度非常快。刚出生的婴儿的大脑重量（350～400 克）相当于成人脑重的 25%；到 2 岁时，大脑重量达到成人脑重的 75%；到 5 岁时，大脑重量达到成人脑重的 90%。要想让大脑实现充分的发育，多方面的投入——卫生保健、悉心照顾、早期启蒙、保护和关爱必不可少。只有把这些投入全部纳入儿童早期发展工作中，才有利于激发儿童的发展潜能。这些多方面的投入涉及很重要的两项服务，即医疗保健和早期教育。然而，长期以来，提供这两项服务的医疗部门和教育部门的工作都是相对独立的，彼此缺少合作和相互支持。

在早期阶段，儿童通常在以下情况下被发现存在发育滞后或发展障碍等问题。第一，家长带着儿童做常规的健康体检时，检查出儿童存在发育滞后或发展障碍等问题；第二，家长发现自家孩子与别人家孩子相比，在行为表现方面有明显差异；第三，家长带着儿童接受早期启蒙教育的时候，教师发现儿童的发展存在障碍或滞后等问题并告知家长，家长带着儿童去医疗机构进行诊断。现实中，由于医疗资源是有限的，加上受社会传统家庭育儿观念的影响，很多有不同障碍问题或疑似问题的婴幼儿不能被及时发现、诊断，因而延误或错失了早期干预的良好时机，造成这些儿童在语言、认知、交往、情感等方面的发展滞后。

“医教结合”的方法使过去因医教分离而分别进行的工作得到有效整合，达到相互补充、各施所长的效果；使障碍发现的时间前移；使早期干预走进家庭；使家长能够科学认识出现发育滞后或发展障碍的原因，以积极的态度加入早期干预的行列中来，并主动与多学科专业团队紧密配合，形成教育和干预的合力；使更多的特殊儿童实现早期成功康复，达到使婴幼儿及其家庭都受益的共赢效果。

3. 国内外儿童早期发展工作中“医教结合”的情况

（1）国内儿童早期发展工作中“医教结合”的情况

近年来，我国对通过医教结合进行早期干预的研究逐渐增多，以医疗卫生部门开展的医教结合的实践研究为主。

2009年，广州市红十字会医院儿科将在该院出生的97例早产儿及其父母分为干预组49例，对照组48例。对照组早产儿接受常规保健体检服务，干预组采取医教结合模式进行早期干预。两组早产儿均在矫正胎龄40周后的第6、第9、第12个月接受对其身长、体重的检测，此外，医护人员还采用发育筛查实验（Developmental Screening Test，DST）问卷测评早产儿的发育商（developmental quotient，DQ）。结果显示，矫正胎龄40周后的第6、第9、第12个月，观察组早产儿DQ得分高于对照组，$p<0.01$，差异具有统计学意义。这说明实施医教结合的早期干预，可促进早产儿智能的早期开发。①

2009年，河北省秦皇岛市妇幼保健院儿童保健科进行了“医教结合对高危儿早期干预效果研究”。他们将96例高危儿分为早期干预组（a组）和晚期干预组（b组）。a组在新生儿期接受系统干预，b组在6个月后进行干预，两组定期进行智力和运动发育方面的测定。结果显示，平均智力发育指数a组高于b组（$p<0.01$）。最终，研究得出对高危儿进行早期干预可改善智力及运动发育的结论。②

2001年，黑龙江省哈尔滨市燎原学校在“早期干预、补偿缺陷、挖掘潜能、借势发展”的总目标引领下，开始了对学龄前特殊需要儿童进行早期干预，并根据儿童的特点，把早期教育的重点放在儿童身体机能的康复训练上。该学校有效地帮助了残疾儿童克服障碍或减轻残疾造成的不良后果，使他们的缺陷得到了最大限度的补偿和矫正，为儿童今后的发展奠定了良好的基础。③

上海市率先在全市范围内尝试通过“医教结合”进行早期干预。2011年6月23日，国家教育体制改革试点项目“推进医教结合，提高特殊教育水平”启动大会暨签约仪式在上海举行。该项目采取教育、民政等行政部门和社会团体跨部门合作的形式，构建了上海市教育委员会教学研究室、远程教育集团、特殊教育资

① 曾长凤、许敏鸿、陈莹等:《医教相结合的早期干预对早产儿智能发育的影响》，载《现代临床护理》，2013（6）。

② 马力、高世泉、刘静:《医教结合对高危儿早期干预效果研究》，载《中国误诊学杂志》，2009（3）。

③ 张联弛:《深化“医教结合” 创新早教途径》，载《现代特殊教育》，2010（6）。

源中心等单位共同参与的支持保障体系。为更好地探索“医教结合”工作机制和实施策略，原卢湾区 0～3 岁散居儿童早教工作中启动了“医教结合模式”项目，标志着该区 0～3 岁婴幼儿早期教养工作的新开始，践行区政府教养“零拒绝、零距离”的承诺。

上海市宝山区于 2009 年年初确定进行“高危婴幼儿医教结合的早期干预实践研究”，成立了由区教育局、区卫生局、区红十字会、区残疾人联合会等多部门合作的医教结合团队。在这个团队的领导下，区早教中心、区妇幼保健所等在“医教结合”对 0～3 岁高危儿早期干预的实践工作中，采取调查—研究—实践—再研究—再实践的方法，形成了平等协作机制、成果共享机制、科研探讨机制、基层干预队伍合作机制等工作模式。团队仅用了不到三年的时间，基本“编织”成了一张区域性高危儿医教结合的筛查、跟踪、干预的特殊网络，建立了跨部门联合的干预制度，真正做到了“零拒绝”。

拓展阅读

早教助高危儿实现跨越式发展[①]

2008 年出生的低体重儿辰辰出生时不到 2 千克。经机构评估，14 个月大时其大动作发展水平处于 12 个月孩子的水平。看到心爱的小汽车玩具掉在地上，辰辰能慢悠悠地蹲下去捡，可蹲下去后就站不起来了。在医生和早教老师的共同努力下，辰辰家长拿到了一份“医教结合处方”：专门根据辰辰的情况设计的“开小船”“骑自行车”“打气”“跷跷板”等游戏的说明。这一系列游戏能够帮助辰辰训练身体平衡性、关节灵活性，增强腿部力量。医生教给辰辰家长按摩手法，老师又教给家长一些和辰辰沟通的技巧，并督促家长每天在家里和辰辰一起训练。一段时间后再评估时，辰辰实现了“追赶式发展”。

---

① 上海市宝山区人民政府：《宝山区探索“编织”高危儿医教结合网》，http：//www.shbsq.gov.cn/shbs/bsdt/20180910/25666.html，2021-04-23。

拓展阅读

在高危儿中，大部分孩子通过医教结合随访，也能像普通孩子一样健康成长。有的孩子病情较重，需要到专业医院接受康复治疗。尽早给予丰富的良好环境刺激及进行各种功能训练，能促使高危儿受损的脑细胞逐渐康复，他们完全有可能在体格、心智发育方面跟上正常儿童。

国家也开始尝试在一些地区开展整合医疗和教育的跨部门合作试点工作。

2012 年，《教育部办公厅关于开展 0—3 岁婴幼儿早期教育试点的通知》中指出，决定在上海市、北京市海淀区等 14 个地区开展 0～3 岁婴幼儿早期教育试点。通知中指出，要充分整合公共教育、卫生和社区资源，努力构建以幼儿园和妇幼保健院机构为依托，面向社区、指导家长的婴幼儿早期教育服务体系；要求试点地区建立政府主导，教育部门和卫生部门分工负责，有关部门协调配合的 0～3 岁婴幼儿早期教育管理体制，明确各有关部门的管理职责和分工，切实把 0～3 岁早期教育指导纳入公共卫生和教育服务体系。

为全面贯彻《教育部办公厅关于开展 0—3 岁婴幼儿早期教育试点的通知》和《上海市学前教育三年行动计划（2015—2017 年）》的精神，深入推进该市早教指导服务工作，上海市于 2016 年 10 月成立了早期教育指导服务中心。该中心的成立是上海市建立规范化早教指导服务体系的重要举措，有利于更加有效地整合上海市教育、医学、心理等领域的专家资源。

从教育部在全国 14 个地区开展 0～3 岁婴幼儿早期教育试点的举措，以及上海市在全国范围内领先成立早期教育指导服务中心这一举措，都可以看出由政府牵头，建立跨部门合作机制是开展面向社区的儿童早期发展工作的趋势。

（2）社会组织在儿童早期工作中“医教结合”的情况

近年来，越来越多的社会组织在部分地区开展了面向 0～3 岁的儿童早期发展服务项目。这些项目均有效整合了卫生计生和教育支持服务，摸索了“医教结合”的儿童早期发展服务模式。

例如，联合国儿童基金会与中国政府合作的“儿童早期综合发展试点项目”，是由原国家卫生和计划生育委员会牵头，与中华人民共和国民政部、中华全国妇女联合会、国务院扶贫开发领导小组办公室以及联合国儿童基金会共同合作实施的项目，项目涵盖了4个国家级贫困县（山西省汾西县、临县，贵州省黎平县、松桃苗族自治县）。该项目针对处于快速生长发育阶段的0～3岁儿童，通过早期筛查和早期干预，减小儿童面临的多种发育风险因素出现的概率，对儿童健康、儿童营养、早期启蒙、儿童保护和伤害预防等方面进行综合干预。该项目结合国家基本公共卫生服务项目，开展儿童早期综合发展服务。具体包括在提供基本儿童保健服务的基础上，为辖区内0～3岁儿童提供儿童发育筛查和初步评估；利用儿童体检、就诊或发放营养包的机会使用关爱儿童发展咨询卡，为0～3岁儿童提供交流和玩耍的咨询和指导服务；对体检或筛查发现的生长迟缓、发育偏倚、贫血的儿童，提供重点管理、随访及咨询指导服务。同时，在儿童早期发展活动中心配备故事书、玩具、触摸屏及活动设施，为儿童提供亲子游戏和亲子阅读活动等早期发展服务。

该项目中期评估使用《年龄与发育进程问卷》对儿童心理行为发育进行评价。结果显示，0～3岁儿童可疑发育迟缓率从2013年的45.1%下降到2018年的26.5%，下降了18.6%。其中，12～17月龄段儿童可疑发育迟缓率由50.6%下降到26.7%，18～23月龄段儿童可疑发育迟缓率由47.5%下降到22.8%，与对照组相比，存在显著性差异。这表明项目干预对12～23月龄段儿童有显著的促进作用。

又如，救助儿童会开展的“从出生开始重塑未来——促进中国城市与农村弱势儿童早期教育和发展服务”项目。2010年以来，在北京的流动人口社区和西藏、云南、新疆的少数民族农村地区，救助儿童会与当地合作伙伴共同建立起18所儿童早期发展中心，配备了适合0～6岁儿童的玩具、书籍，不仅为孩子们提供学习、娱乐的场所，而且组织促进儿童身体、语言、认知、情绪情感和社会性等方面综合发展的游戏、亲子活动，还举办关于儿童教育、健康、卫生等主题的知识讲座，培养家长科学育儿的意识和技能，帮助家长理解什么是儿童早期发展，掌握如何更好地促进儿童早期发展。

再如，救助儿童会与原国家卫生和计划生育委员会培训交流中心合作开展的“0—3 岁儿童早期发展试点项目”。该项目依托计生系统平台，培训基层计生工作人员，配备入户工具，定期为项目乡镇的 0～3 岁儿童提供入户服务，为家长提供包括早期养育和刺激、卫生和健康在内的咨询服务。该项目除为基层计生工作人员提供培训，帮助他们掌握为 0～3 岁儿童的家庭提供指导的具体知识和技能外，还为 0～3 岁儿童建立早期发展档案，定期监测 0～3 岁儿童早期发展状况，转介存在明显发育迟缓的儿童，将儿童早期发展干预服务落到实处。

拓展阅读

作为“儿童早期发展”项目的子项目之一，“0—3 岁儿童早期发展试点项目”的启动实施，有力地推动了儿童早期发展和家庭教育工作的开展，促进了儿童更好地成长。感兴趣的读者可扫描二维码浏览相关内容。

（3）国际上儿童早期发展工作中“医教结合”的情况

国外许多国家，无论是在制定各项针对 0～3 岁儿童早期发展的政策或法规方面，还是在开展相应的医教结合的实践研究工作方面，都拥有丰富的经验。

早在 20 世纪 30 年代，美国就提出了 0～6 岁儿童整体教育计划。1965 年开始实施的开端计划，是迄今美国联邦政府实施的规模最大的早期儿童发展项目，主要关注贫困家庭 3～4 岁儿童的教育、医疗与身体健康发展，为儿童及其家庭提供保健服务，旨在通过关注儿童的早期发展，扩大弱势群体受教育的机会。1986 年，经里根总统签署，《残障者教育法》增补了“残障婴儿和学步儿”条款。该法授权联邦政府向各州提供财政支持，支持各州开发全州范围的、综合的、多学科和多部门合作的早期干预项目，涉及家庭培训、心理保健、医疗服务等诸多内容。这些都要求教育、科研、医疗、卫生等部门密切配合，形成高效的合作模式。早期教育项目由家长或看护人员、心理学家、特殊教育教师、医生、营养师等人员共同制订面向不同残障婴儿和学步儿及其家庭的综合性服务计划。

印度于1975年启动的“早期儿童综合性发展”计划涵盖保健和教育的早期儿童综合发展服务，是迄今全球最大的早期儿童发展项目。该计划旨在改善全国6岁以下儿童的营养与健康水平，为儿童心理、身体和社会性的适当发展奠定基础，减小儿童的死亡率、发病率、营养不良率和辍学率，实现各部门间政策的协调与贯彻，以促进儿童发展。

英国于2004年颁布了《儿童法》。该法提出整合服务的理念，提出将儿童早期干预的责任明确到健康部、教育部以及社会保育部，并促使各部门之间合作。

在国际医学领域，诸多国家曾开展对高危儿的早期干预实践研究，形成了高危儿发育评估方面的量表。比如，婴儿运动表现测试、Dubowtiz新生儿神经功能测试等，是早期预测评估工具；Bayley婴幼儿发育量表、Peabody运动发育量表等，是婴幼儿发育结果评估工具。

二、基于社区的公益性儿童早期综合发展中心

（一）基于社区的公益性儿童早期综合发展中心发展历程

从20世纪八九十年代起，世界各国都把提供0~3岁早期教育逐渐纳入了政府的公共服务之中，如美国的开端计划、英国的确保开端项目、印度的幼儿综合性发展计划、墨西哥的启蒙教育项目、牙买加的入户指导计划等。早期教育从私领域的服务转为公领域的社会公共服务，正在成为全球各国的社会政策共识。这些面向社区的公益性质的儿童早期发展服务体现了各国政府对0~3岁儿童早期发展的重视。我国非常重视0~3岁儿童早期发展，特别是近年来国家在颁布的一些重要政策文件中都做出了明确的规定，并开展了面向社区的试点工作。2001年，国务院批准印发的《中国儿童发展纲要（2001—2010年）》中第一次提出了“发展0—3岁儿童早期教育”。2003年，国务院办公厅转发了教育部等部门（单位）提出的《关于幼儿教育改革与发展指导意见》，其中提出“逐步建立以社区为基础，以示范性幼儿园为中心，灵活多样的幼儿教育形式相结合的幼儿教育服务网

络”“为 0—6 岁儿童和家长提供早期保育和教育服务”“0—6 岁儿童家长及看护人员普遍受到科学育儿的指导”。《中国儿童发展纲要（2011—2020 年）》提出，到 2020 年在全国 90% 以上城乡社区建设 1 所为儿童及其家庭提供游戏、娱乐、教育、卫生、社会心理支持和转介等服务的儿童之家。《国家贫困地区儿童发展规划（2014—2020 年）》也明确提出将儿童营养改善、开展婴幼儿早期保教列为促进贫困地区儿童发展的重要战略措施。党的二十大报告指出：“健全学校家庭社会育人机制。”家校社系统育人的新形势下，需要更多发挥社区在早期教育事业中的功能。

2012 年，教育部部署开展 0～3 岁婴幼儿早期教育试点工作，决定在上海市、北京市海淀区等 14 个地区开展 0～3 岁婴幼儿早期教育试点。试点地区要求坚持公益普惠的基本方向，充分整合公共教育、卫生和社区资源，努力构建以幼儿园和妇幼保健机构为依托，面向社区、指导家长的婴幼儿早期教育服务体系。要以发展公益性婴幼儿早期教育服务为目标，落实政府在早期教育中的规划、投入和监管等方面的责任，重点在婴幼儿早期教育管理体制、管理制度、服务模式和内涵发展等方面进行研究探索。这是政府首次在实践层面强调探索开展 0～3 岁早期教育。由此可见，实施政府主导、教育部门和卫生部门分工负责、有关部门协调配合的 0～3 岁婴幼儿早期教育管理是未来 0～3 岁儿童早期综合发展的必然趋势，体现了政府在促进教育公平方面的决心，更指明了 0～3 岁儿童早期发展的公益普惠属性，以及社区在开展这项工作中应该发挥的重要作用。

（二）基于社区的公益性儿童早期综合发展中心的特点

1. 非正规性

社区公益儿童早期发展服务是一种现行教育体制之外的教育服务，与主要收托 3～6 岁儿童的组织化、制度化程度较强的正规幼儿园相比，它针对的是在家庭中实施教养的 0～3 岁婴幼儿及其看护人员。它在时间、内容与形式方面具有灵活性。在时间方面，可以提供小时制活动，也可以提供半日制活动，还可以提供周末活动，以此来满足不同家庭的需求。在内容方面，要与社区生活紧密结合，但又与生活中的非正式教育不同，需要有目的、有计划、有组织地选择适宜于社区婴幼儿及其家庭成员的教育内容。它以教育需求为导向，有什么样的教育需求就有什么样的教育内容和教育形式，而不是实施划一的、固定的、标准化的教育。这就要求服务提供者充分了解所辖社区 0～3 岁适龄儿童的人数和发展情况、看护人员对儿童早期发展的认识水平以及科学育儿水平等内容。

2. 注重对家长的指导

众所周知，家庭教育起着举足轻重的作用，家庭成员是陪伴儿童成长，对他们影响最大的人。因此，社区早期教育服务工作的重点是面向社区 0～3 岁儿童的家长及看护人员，向他们普及科学的育儿理念、育儿知识和育儿方法。提高他们的科学育儿水平，提升他们的育儿自信心既是重要的内容，又是目的所在。要针对不同类型家长的特点及其育儿中的常见问题、困惑，开展有针对性的科学育儿指导。对家长的指导内容要全面，不限于儿童教养方面的内容（如认知发展、同伴交往），还可以涉及儿童权利与保护方面的知识，涵盖儿童的营养、饮食起居及良好生活作息的养成等养育方面的内容，帮助家长实现“养中带教，教养结合”。

（三）社区公益儿童早期发展服务供给模式概述

目前，国家未将 0～3 岁早期儿童发展纳入公共服务体系中，再加上各地经济发展水平不均衡以及对 0～3 岁儿童早期发展的重视程度各有不同，因此，地方政府推进 0～3 岁儿童早期发展服务的水平差异较大。在全国范围内，上海市在开展 0～3 岁儿童早期发展服务方面走在了全国的前列。此外，青岛市、南京市等地也探索出了政府主导的公益性模式。

1. 上海市社区公益儿童早期发展服务模式

上海市的公益儿童早期发展服务以社区为依托，主要采取政府单方供给模式。上海市政府出资设立以社区为基础的 0～3 岁婴幼儿早期教育服务机构，使早期教育进入社区、服务家庭。在经费投入方面，以黄浦区为例，区政府不断加大早期教育专项经费的投入，目前公益性早教完全实现“零收费”。截至 2012 年年底，由政府出资设立的早期教育指导服务中心 19 个、早教指导站 736 个，通过发放免费早教卡的形式向市民提供每年 4 次免费优质的早期教育指导服务，部分区县已实现提供每年 6 次免费优质的早期教育指导服务。

2. 青岛市社区公益儿童早期发展服务模式

青岛市的公益早期儿童发展服务以幼儿园为依托，利用幼儿园的场地、设施设备和师资力量，以幼儿园为中心辐射社区。青岛市政府将试点经费纳入学前教育专项资金保障范围，通过政府购买服务、给予运行和设备补贴等形式，支持早教机构提供基本的早期教育公益服务。

3. 南京市社区公益儿童早期发展服务模式

南京市政府办公厅于 2017 年 1 月 25 日印发的《南京市 0—3 岁婴幼儿早期发展工作提升行动计划（2017—2020 年）》中明确提出探索建立理念领先、特色鲜明的婴幼儿早期发展服务管理模式，完善家庭、社区、机构“三位一体”的服务网络；提出探索推广“1+1+N”普惠型、社区化服务，即 1 个区级指导中心、1 个街道指导站（社区中心站）和若干个社区亲子室组团，让婴幼儿能够就近享受普惠性、均等化指导服务；提出到 2020 年要实现对 0～12 个月婴儿家长和看护人员进行一年 2 次的上门指导服务，对 13～36 个月幼儿提供一年 4 次免费体验服务。

此外，探索多元办园模式。建立非经营性与经营性早期教育服务机构共同发展机制，采取社会办园、民办公助和公办民营等不同模式，积极鼓励扶持社会力量办园。这体现出了政府指导、部门监管、服务模式多元化的特点。

（四）社区公益儿童早期发展服务存在的问题及发展趋势

社区公益儿童早期发展服务是未来 0～3 岁儿童早期发展服务的发展方向和必然趋势。虽然上海市、青岛市、南京市的社区公益儿童早期发展服务模式代表了地方政府开展 0～3 岁儿童早期发展服务的模式；但是，目前现实情况是，我国大多数地区并未形成公益性早期教育的供给模式，商业早教机构提供高价格的早教服务的现象普遍。公共服务是为了满足社会公共需要而提供的公共产品和服务的总称。由于公共服务具有非竞争性、非排他性，政府应该成为公共服务的主要提供者。0～3 岁早期儿童发展服务理应是社会公共服务，但是目前，社区公益儿童早期发展服务还存在一些问题。

1. 社区层面的责任主体不明确

受行政区划影响，在社区 0～3 岁早期儿童发展服务方面，目前存在主管部门模糊、多头管理、各自为政、合作配合不紧密的问题。比如，街道办负责辖区内居民日常事务办理，卫生部门负责社区内儿童的生长发育监测、健康检查、预防接种等保健指导，妇女儿童工作委员会开展妇女儿童权益保护宣传工作，但是这些部门缺乏教育学、儿童心理学等方面的专业知识背景，对婴幼儿教养方面的指导和服务缺乏专业支撑。而教育部门认为 0～3 岁婴幼儿教育还缺乏立法依据，权责上不归属教育部门管理。

因此，社区公益儿童早期发展服务责任主体还不够明确，难以各司其职地开展好这份工作。

2. 成本分担机制尚未建立

社区公益儿童早期发展服务明确了服务的公益性和普惠性，提供的是非营利性服务。因此，未来各地需要探索如何建立公共财政支持、社会参与、家长合理分担成本的早期教育成本分担机制。

3. 适宜的服务模式仍需探索

建立政府主导、多部门分工管理的体制，各地需要根据自身的公共财政支持情况和 0～3 岁早期儿童发展服务基础情况，决定适宜的服务模式。是借鉴上海市的由政府完全出资作为服务的生产者和提供者的模式，或者是借鉴青岛市的以幼儿园为依托辐射社区 0～3 岁儿童及其家庭的模式，再或者是借鉴南京市的多元办园模式？这些都需要根据实际情况进行探索。

三、一体化发展的早期教育指导机构

（一）社会发展催生托育机构的兴起

2016 年 1 月 5 日，《中共中央　国务院关于实施全面两孩政策　改革完善计划生育服务管理的决定》的发布，引发了社会各界的热烈讨论。在积极响应政府决策之余，部分群众表达了对生育的后顾之忧，其中以对城市 3 岁以下婴幼儿的托育照料尤为突出。2019 年 5 月 9 日，《国务院办公厅关于促进 3 岁以下婴幼儿照护服务发展的指导意见》发布，标志着国家政策对于 3 岁以下婴幼儿照护服务的关注。但是就全国范围来说，我国尚没有针对 0～3 岁儿童托育服务的全国性的政策及方案。2019 年，为规范日益增多的托育机构，10 月 8 日，国家卫生健康委员会发布了《托育机构设置标准（试行）》和《托育机构管理规范（试行）》。托育机构的热度逐渐高过早期教育指导机构。

（二）早期教育指导机构与托育机构的融合

1. 托育机构的不同形态

2017—2019 年，为满足全面两孩政策后人口增长的需求，托育机构逐渐兴起。尤其在 2019 年，托育机构数量备增，2019 年被称为“托育元年”。经过文献搜索和实地调研发现，现有的托育模式可分为以下几种。

（1）政府主办托育模式

政府主办托育模式指的是政府投资开办托育机构，包括依托社区的模式、幼儿园年龄段下沉办托育的模式。2017 年，由上海市妇女联合会牵头，上海市教育委员会、上海市卫生和计划生育委员会、上海市民政局共同承担，启动了“建设 20 个社区幼儿托管点”的市政府实事项目。

此外，政府与第三方联合，购买服务主办托育。山西省妇女联合会依托专业机构，挂牌家庭教育服务指导站，为早教中心提供家庭教育讲座和人员培训，为 6 个月到 3 岁的婴幼儿提供小时托、半日托、全日托的一体化托育试点服务。

（2）经营性托育模式

市场上很多托育机构兴起，它们多由民间资本投入，在居民区、商厦、企业园区内开办。全面两孩时代，一些家庭对两孩的照护遇到了实际困难，市场托育模式满足了部分家长的需求。

（3）福利性托育模式：企业托育、创业园区托育

长沙某高新控股集团建立了亲子关爱室，用于解决职工子女寒暑假及课后的

托管问题，并计划在现有场地基础上，增加托育服务功能。某生物传感股份有限公司拟针对公司职工子女，提供小学生课后托管、寒暑假白天托管和幼儿园幼儿的接送与托育服务，在企业园区内设立亲子托管中心。湖南某健康养老管理有限公司结合自身职工需求，拟在社区居家养老服务网点开展嵌入式托育服务。

（4）家庭托育模式

家庭托育模式即以核心家庭为中心，小区内部其他家庭将适龄婴幼儿送往核心家庭，由核心家庭进行同样看护的模式。

2. 早期教育指导机构与托育机构尝试融合

部分早教机构从2019年开始尝试托育服务，形成了早托一体模式。此外，一些政府主办的幼儿园，如湖南省人民政府直属机关第二幼儿院，借助幼儿园的资源开办了早教中心和托育中心。

（三）早期教育指导机构与托育机构融合存在的优势及问题

1. 优势

早期教育指导机构与托育机构的融合是未来早期教育指导机构发展的重要趋势之一。由于客户群体扩大，早托一体机构提供的业务内容也逐渐多样化，这提高了其市场竞争力。与单纯的早期教育指导机构相比，托育机构更能满足多子女家庭的需求。早期教育指导机构提供的服务并不是全天的，而且婴幼儿需要家长陪同。部分早期教育指导机构开办全托班，业务内容的多样化使家长有可以选择的余地。由于幼儿的入园焦虑明显，家长自身对机构存在信任期，早期教育指导机构可以先吸收家庭参加亲子班，再逐步过渡到进入托育班级。这可以有效扩大客户群，提高市场竞争力。

2. 问题

在当前新形势下，托育机构的管理模式和师资配备还处于探索阶段，而各地情况各异，难以形成统一的标准。目前，市场上很多早期教育指导机构和托育机构中的师资都是专注于教育指导的教师。他们在指导家庭育儿、组织亲子活动方面具备优势，但是对儿童全日制托管的能力不足，尤其在低年龄段儿童的生活照料、卫生保健方面缺乏经验，在保障儿童的安全、健康、营养、卫生等方面还存在不足。

相较于早托一体机构，幼托一体机构在管理方面更具备优势。由于托育班级的一日环节与人员配备和幼儿园的管理及配备极为相似，很多幼儿园下沉办托育的时候，只要关注到低年龄段儿童的年龄特点，适当调整，就可以将幼儿园已有的保健医生、炊事员、三教一保的人员配备模式直接应用。

在未来，早期教育指导机构与托育机构要想融合发展，必须按照国家制定的一系列托育机构标准来进行管理，形成一个机构、两种管理模式、两套师资队伍的模式；必须积累对小月龄段托班幼儿的教养经验、管理经验，引进早期教育指导教师、托育师两支队伍，形成有自己特色的，既指导家庭，能够组织小时制亲子活动，又抚育幼儿，全天候提供托管服务的服务模式。

本章小结

在新形势下，早期教育指导机构的发展更加多元，如医教结合的儿童早期综合发展服务、基于社区的公益性儿童早期综合发展中心、一体化发展的早期教育指导机构。医教结合的儿童早期综合发展服务，可使过去医教分离时分别进行的工作有效地整合起来，达到相互补充、各施所长的效果，使早期干预走进家庭，形成教育和干预的合力。基于社区的公益性儿童早期综合发展中心因其公益性、易得性，能将先进的理念和方法直接辐射到社区与家庭；但是其责任主体、成本分担机制、适宜的服务模式方面还存在一些问题，仍需继续探索。早期教育指导机构与托育机构融合是实施全面两孩政策后的新趋势，两者融合更能满足家庭需求，扩大客户群，提高市场竞争力；但是对早期教育指导机构的教师能力要求更高，尤其在教师缺乏低年龄段儿童的生活照料、卫生保健方面的经验的情况下，两者的融合将带来实际的挑战。概言之，早期教育指导机构的这些发展新趋势将根据不同地区、不同人群有不同的表现，这些都是未来早期教育指导机构从业者需要关注的问题。

小任务

1．如果你所在的早期教育指导机构发现了一名疑似发育迟缓的儿童，根据本章所学的内容，你打算如何用医教结合的模式去帮助这个孩子?

2．早托一体化模式是未来儿童早期发展服务的发展趋势，请谈谈你对这一模式的想法。

常见问题解答

问题 作为一名早期教育指导机构的管理者或者教师，若在工作中遇到了一名疑似发育异常的儿童，你会如何处理?

解答 在与家长和儿童实际接触的过程中，若我们遇到了疑似发育异常的儿童，首先，要与家长进行充分的前期沟通。一是了解儿童的基本情况和家庭的教养环境；二是了解家长对于儿童情况的认知，即家长能否正确认识到儿童疑似发育异常的现状，家长是否有理性的反应，家长在前期是否带儿童进行了积极的治疗。

其次，可整合医疗卫生资源，加入现有的教育体系中。应立即借助医疗资源对婴幼儿进行医学的相关检查、综合评定，对缺陷儿及早诊断，并确定其障碍的性质、程度、类型，为下一步的决策提供依据。例如，可以为家长提供医疗的转介服务，或者将儿科医生请到机构中来，为家长和儿童进一步诊断。

总之，“医教结合”的基本原则在于早期发现、早期诊断、早期干预。教师团队与医生团队要尽早向有发展缺陷可能的儿童或确诊有发展缺陷的儿童及其家庭提供教育、营养、医疗、心理咨询、社会服务及家长养育指导方面的服务，通过科学、系统的早期干预，使儿童在生命早期，在身体动作、语言、认知、情绪与社会适应等方面得到发展。

参考文献

1. 卢乐山，林崇德，王德胜. 中国学前教育百科全书：教育理论卷［M］. 沈阳：沈阳出版社，1995.

2. 伊丽莎白·劳伦斯. 现代教育的起源和发展［M］. 纪晓林，译. 北京：北京语言学院出版社，1992.

3. 黄济. 教育哲学通论［M］. 太原：山西教育出版社，1998.

4. 杨汉麟，周采. 外国幼儿教育史（修订本）［M］. 南宁：广西教育出版社，1998.

5. 刘晓东. 儿童教育新论（第二版）［M］. 南京：江苏教育出版社，2008.

6. 张婷. 医教结合是当代特殊教育发展的必经之路［J］. 中国教育技术装备，2010（21）.

7. 曾长凤，许敏鸿，陈莹，等. 医教相结合的早期干预对早产儿智能发育的影响［J］. 现代临床护理，2013（6）.

8. 马力，高世泉，刘静. 医教结合对高危儿早期干预效果研究［J］. 中国误诊学杂志，2009（3）.

9. 张联弛. 深化"医教结合" 创新早教途径［J］. 现代特殊教育，2010（6）.

10. 上海市宝山区早教指导中心. 一样的天使——高危婴幼儿医教结合的早期干预实践研究成果［M］. 上海：华东师范大学出版社，2013.

11. 王立科，孙忠福. 婴幼儿早期教育概论［M］. 北京：中央广播电视大学出版社，2014.

12. 杨忠君，时松. 对幼儿园管理制度四大基本问题的研究［J］. 佳木斯职业学院学报，2015（10）.

13. 张燕，邢利娅. 幼儿园组织与管理［M］. 北京：北京师范大学出版社，2002.

14. 刘婷. 0—3 岁早期教育机构课程设置的个案研究［D］. 武汉：华中师范大学，2017.

15. 康有为著，邝柏林选注. 大同书［M］. 沈阳：辽宁人民出版社，1994.

16. 傅林. 当代美国教育改革的社会机制研究——20 世纪 60 年代美国教育改革运动的形成［M］. 北京：教育科学出版社，2006.

附 录

附录 1

0~1 岁婴儿适宜的玩具类型及作用

玩具类型	玩具举例	作用
发声玩具	咯咯作响的玩具	成人用玩具吸引婴儿注视、用目光追逐，在视听刺激下感知声音，提高注意力；婴儿自己抓握、击打玩具使之发出声音，在视听刺激下感知声音，提高注意力
	婴儿床玩具	注视和用目光追逐玩具，从无意的抓握到有意的抓握和击打，感觉全方位的刺激，促进小肌肉的发展
	能摇晃的玩具	随意击打让玩具发出声音，感受声音的不同，刺激视觉、听觉、触觉协调发展
	能敲打的玩具	使用简单的工具使玩具发出声音，刺激视觉、触觉、听觉协调发展，促进小肌肉的发展
悬吊（悬挂）玩具	风铃、 悬挂发条玩具	把玩具悬吊在婴儿视线内，让婴儿注视或移动目光，促进眼力集中；用手拍打，锻炼手眼协调
填充玩具	布类填充玩具、 棉花填充玩具、 异物填充玩具	在坐、爬、站立的过程中使用玩具，感知其质地，练习抓握，培养肢体的协调性
气充玩具	气球、 皮球、 充气动物玩具	注视、用目光追逐，练习抓握、扔、摆弄，在坐、爬、站立的过程中，使用并感知玩具的质地，全方位感觉刺激，发展小肌肉，感觉全方位的刺激
积木玩具	彩色大型 软体积木、 本色大型 软体积木	在简单的搭建过程中感知积木的颜色和质地；通过搬运、持物站立、摆弄等活动发展手臂的控制能力，促进大肌肉动作的发展

续表

玩具类型	玩具举例	作 用
骑乘玩具	动物骑乘玩具、弹簧骑乘玩具、电动骑乘玩具	坐在玩具上，感受前后、上下、左右等不同方位的体姿变化，促进大脑平衡器官的发展，促进身体动作的协调
角色玩具	毛绒玩具	抓握、搂抱玩具，获得情感的满足；了解玩具名称，愿意与之做模仿游戏
	布娃娃	认识五官，模仿成人的动作，促进语言和情感发展
	奶瓶	引发握持、吸吮动作，促进手的动作的发展；用奶瓶玩喂奶的游戏，体验模仿游戏的快乐
	镜子	引发照镜子的活动，观察自己的五官，促进自我认识的发展；引导在镜子面前表现自己，通过微笑等表情动作获得满意的心情
	电视	通过短小的广告、动画片等节目刺激视觉和听觉；通过按电视功能键感知自己的能力，获得满足感
音乐玩具	铃铛	能自己摆弄、摇晃铃铛，在音乐的伴奏下随意摆动
	录音机磁带	愿意听磁带，能随音乐做出一些动作和表情
	八音盒	对音乐做出反应，建立动觉和音乐之间的联系，发展听觉和触觉
体能玩具	塑料球	感知球的颜色、大小和弹性，满足扔球的愿望；获得为捡球而行走的刺激
	推拉（拽）玩具	能用手拽、脱、推、拉玩具，刺激视觉、触觉、听觉，发展肢体动作的协调性
	圆滑的长棍	能用长棍触物、够物，锻炼四肢曲张的能力

续表

玩具类型	玩具举例	作　用
体能玩具	简单的投掷玩具和器皿	能把手中的玩具投向指定的方向，发展上臂动作控制能力和手眼协调性
水中玩具	塑料玩具	感知不同的形状、颜色，练习抓握、挤、压、扔、抛等，发展小肌肉动作，体验在水中游戏的快乐
	发条玩具	认识不同的形状、颜色，愿意观察玩具的变化，锻炼注意力，发展小肌肉动作，体验水中游戏的快乐
	橡胶玩具	认识不同的形状、颜色，能抓握、挤、压、扔、抛等，锻炼注意力，发展小肌肉动作，体验水中游戏的快乐
	器皿玩具	感知不同的形状、颜色，通过搅和、倒、装等无意识动作发展小肌肉，体验水中游戏的快乐
认知玩具	带盖的玩具	能扣盖玩具，练习对接，发展手部动作的准确性
	指拨的玩具	能用手指拨弄玩具，促进小肌肉动作的发展
	出牙嚼圈	用牙齿咬啃玩具，发展触觉、味觉、视觉
图书	色彩鲜艳的图片	能指认图片内容，并进行配对，发展语言及听力
	布艺类的立体图书	自由地探究和翻阅，促进视觉和触觉的发展①
美艺材料	笔和纸	撕废纸，获得动作的满足；抓握笔随意地涂抹，发展小肌肉动作，学习控制
	艺术欣赏	观赏环境中布置的艺术品，培养对美的感受

① 北京市教育委员会：《0～3岁儿童早期教育指南》，172～185页，北京，北京师范大学出版社，2010。

附录 2

1~2 岁幼儿适宜的玩具类型及作用

<table>
<tr><th>类型</th><th colspan="2">作用</th></tr>
<tr><td rowspan="2">运动类玩具</td><td>体能玩具</td><td>通过玩接球、掷球的游戏，增强手臂肌肉的力量，并使其灵活协调；在球的传送过程中形成对空间、时间的判断能力，培养注意力及参与活动的持久性</td></tr>
<tr><td>骑乘玩具</td><td>坐在骑乘玩具上做练习，可明显感受到颠簸摇摆的刺激，使脑神经获得滋养、骨骼肌肉获得成长</td></tr>
<tr><td rowspan="3">角色类玩具</td><td>填充玩具</td><td>触感尖锐的玩具会使孩子的神经趋于紧张，因而产生不愉快的感觉；反之，柔软的玩具会使孩子的精神松弛，进而产生舒适的感觉。因此，当孩子情绪激动或无法入睡时，可让他拥抱柔软的填充玩具，使他原本兴奋的情绪逐渐平静下来</td></tr>
<tr><td>娃娃</td><td>能够抱起的或者能够放入澡盆里的娃娃，可以满足孩子模仿成人动作的愿望</td></tr>
<tr><td>家具玩具</td><td>在娃娃家游戏中投放家具，孩子可以把日常生活中所感、所见重新呈现出来，获得角色扮演和角色认同的机会</td></tr>
<tr><td rowspan="2">益智类玩具</td><td>发声玩具</td><td>通过视听刺激感知动作和声音之间的联系，提高注意力；在敲打中感受不同的声音，发展动作的灵活性</td></tr>
<tr><td>认知玩具</td><td>通过套叠、图形盒、智力拼图等发展认知的玩具，促进对形状、颜色、画面的感知，培养观察力，促进小肌肉协调发展</td></tr>
</table>